LISTE ALPHABÉTIQUE

DE

PERSONNAGES NÉS EN CHAMPAGNE

ET DE LEURS PORTRAITS.

RECHERCHES

SUR

LES PERSONNAGES

NÉS EN CHAMPAGNE

DONT IL EXISTE DES PORTRAITS DESSINÉS, GRAVÉS OU LITHOGRAPHIÉS.

LISTE DES PORTRAITS,

NOMS DES ARTISTES DONT ILS SONT L'ŒUVRE, INDICATION DU FORMAT,
PRÉCÉDÉS D'UNE COURTE NOTICE BIOGRAPHIQUE,

PAR

Soliman LIEUTAUD,

Auteur d'une liste de personnages nés en Lorraine, de députés
à l'Assemblée nationale de 1789,

et d'un complément à la liste de la bibliothèque historique de la France.

* * *

PARIS

Chez l'Auteur, rue de Seine, 25,

et chez RAPILLY, marchand d'estampes, successeur de LENOIR,
quai Malaquais, 5.

Juin 1856.

Imprimé à deux cents exemplaires.

Numéro

AVANT-PROPOS.

L'ouvrage que je publie embrasse la Champagne , telle qu'elle était avant la formation des départements, comprenant le Rémois, le Perthois, le Rethelois, la Basse-Champagne, le Vallage, le Bassigny, le Senonnois, la Haute, la Basse-Brie et la Brie pouilleuse.

Et les localités prises aux provinces limitrophes pour compléter ses départements.

Les personnages dont je donne la liste des portraits sont nés dans cette province ou ces localités et quelques-uns dans une autre province, par suite du séjour momentané d'une famille.

Une courte notice biographique précède la description des portraits.

Il était important de fixer les lieux et dates de naissance et de mort des personnages ; il m'eut été difficile pour beaucoup, et impossible pour d'autres , d'y parvenir sans le concours de MM. DE BAUDICOUR, possesseur d'une belle collection d'estampes de maîtres français.

BELLIER DE LA CHAVIGNERIE, homme de lettres.

CARNANDET, bibliothécaire à Chaumont.

FORTIN, juge à Troyes.

JAQUOT, de Troyes, poète et littérateur.

MILLARD, bibliophile.

PINARD, homme de lettres.

QUERRY, vicaire-général de Reims.

RAY, pharmacien à Troyes.

Je saisis cette circonstance pour leur en témoigner ma reconnaissance.

J'ai pu omettre quelques personnages ou portraits : je réclame de l'obligeance des amateurs la description et s'il est possible, la communication des portraits qui me sont inconnus.

Les portraits décrits se composent de dessins, gravures et lithographies.

Les dessins indiqués sont à la bibliothèque impériale ; on peut en obtenir communication et la permission de les copier.

Les gravures et les lithographies sont en général faciles à se procurer, cependant quelques-unes sont rares et un petit nombre fort rares.

Des personnes ont fait exécuter leurs portraits par Chrétien, Quenedey ou la lithographie. Ces portraits donnés à des parents ou amis n'ayant pas été mis dans le commerce ne se trouvent qu'accidentellement et assez difficilement.

L'amateur qui voudra compléter sa collection devra, en écrivant à un marchand, nommer le personnage, indiquer les numéros des portraits qu'il possède, sans être obligé de copier la description entière, le marchand pourra lui procurer les autres.

Les collections sont ou générales ou spéciales.

La collection générale embrasse les cartes géographiques, les plans, les vues, les monuments, les sujets historiques, et les personnages d'un pays.

La collection spéciale embrasse soit une localité, soit les vues, soit les personnages, soit les œuvres des artistes.

Voici les noms des amateurs qui recueillent sur la Champagne et le genre de collections qu'ils forment.

ARDENNES.

MM.

PAUFFIN, ancien magistrat, collection générale sur le départem^t.

TOURNEUR, archiprêtre de Sedan, le clergé du diocèse de Reims.

AUBE.

Collections générales sur le département.

LA BIBLIOTHÈQUE de Troyes.

CAMUSAT DE VAUGOURDON.

CORRARD DE BREBAN, président du tribunal civil.

FORTIN, juge au tribunal civil.

GRÉAU (Jules), négociant.

MILLARD, bibliophile, ancien député.

RAY (Jules), pharmacien à Troyes.

Collections spéciales.

Carteron docteur-médecin, les gravures sur le département.

Coffinet (l'abbé), chanoine, les portraits des évêques.

Jaquot, poète et littérateur, Troyes et sa circonscription.

MARNE.

La Bibliothèque de Reims, collection générale du département.

Hédoin de Pons Ludon, les Rémois.

Lacatte, Joltrois, les Rémois.

Loriquet, bibliothécaire, les Rémois.

Querry, vicaire, les ecclésiastiques du diocèse.

Saubinet, les personnages de la province et les œuvres des artistes nés à Reims.

HAUTE-MARNE.

La Bibliothèque de Chaumont, collection générale du départem^t.

Royer (E.), à Cirey-les-Forges, collection générale du départem^t.

Aucun amateur n'a formé de collection générale sur la province de Champagne.

Reims seul possède un amateur qui s'est occupé de réunir les œuvres des maîtres nés dans cette ville.

ABRÉVIATIONS.

acad.	académie.	Lég.	légion.
Ass.	assemblée.	lieut.	lieutenant.
B. I.	bibliothèque impériale.	m.	meurt, mort, morte, mourut,
chev.	chevalier.	m.	millimètres.
c. col.	collection.	nat.	nationale.
com.	commandant, commandeur.	N.-D.	Notre-Dame.
D. à d.	dirigé à droite.	O.	ordre.
D. à g.	dirigé à gauche.	of.	officier.
Dép.	député.	p.	page.
dépt.	département.	reg.	regarde.
diam.	diamètre.	st. ste.	saint, sainte.
gal,	galerie.	t. T.	tome.
gén.	général, générale.	tab.	tablette ou face du support.
h.	hauteur.	univ.	universel-le.
l.	largeur.	Vol.	volume.

Les autres abréviations sont assez connues.

Documents *recueillis pendant l'impression.*

BOUDOT (J.-Bapt.), archidiacre de N.-D., vicaire gén. du diocèse de Paris, chanoine théologal, prédicateur ordinaire du roi, ancien directeur au séminaire du St-Esprit, né le 6 jan. 1765 dans le dépt. de la Haute-Marne, m. à Paris le 14 déc. 1838.

Mlle *G....* del., *Maurin* aîné lith. in-fol.

BROCARD (Mlle), de l'acad. royale de musique, sœur de *Suzanne.*

E. lith. de G. *Engelmann* in-4, en costume suisse.

CHAMPAGNE (Ét. de), *ajoutez* page 21.

Wale délin., *Hawkins* sculp. infol., en pied *King Stephen.*

GILLET LA JACQUEMINIÈRE (Louis-Char.), baron, conseiller-maître à la Cour des comptes, ancien procureur-syndic du départ. de Joigny, dép. du tiers-état du bailliage de Montargis à l'Ass. nat. de 1789, du départ. du Loiret au conseil des Cinq-Cents en 1799, entra au Tribunat après le 18 brumaire, fut nommé conseiller-maître à la Cour des comptes en 1807. Né le 24 nov. 1752 à St-Julien-du-Sault, *Yonne*, mort à Paris le 7 av. 1836.

1. *Dessin* in-8 à la B. I., N f. 62 b. p. 135.

2. Dess. et gravé par *Quenedey*, profil à g. In-48.

JOLY (Nic.), vicaire gén. de Langres, supérieur du petit séminaire, né en 1797 à Meures, *Hte-Marne*, m. à Langres le 4 oct. 1839.

Lithographié par *Guasco-Jobard* à Dijon, in-fol.

LASSALLE (J-Bapt. des, *ajoutez* p. 75.

Petit sculp. Ovale in-18, D. à g.

MORLOT, archevêque, *ajoutez* page 97.

Peint et lith. par *Marzocchi*, in-fol.

LISTE ALPHABÉTIQUE

DE

PERSONNAGES NÉS EN CHAMPAGNE

ET DE LEURS PORTRAITS.

A

AMBLY (Cla.-Jean-Ant., marquis d'), maréchal-de-camp, gouverneur de la ville de Reims, com. de St-Louis, né en 1720 à Ambly-sur-Bar, *Ardennes*, dép. de la noblesse de Reims à l'Ass. nat. de 1789, émigra en 1792, m. en 1797 à Hambourg.

1. *Moreau* del., in-8. *Dessin* à la B. I., N f. 62 a.

2. *Moreau* del., *Courbe* sc. in-8. Coll. *Dejabin.*

ANCHER PANTALÉON, cardinal, archidiacre de Laon, né à Troyes, *Aube*, fondateur de l'église de Saint-Pantaléon de cette ville, créé cardinal en 1262, m. à Rome le 1er nov. 1286. Il était neveu du pape Urbain IV.

1. Dans l'Histoire des Cardinaux de F. *Du Chesne*, in-4.

2. Copie in-8, dans les cardinaux de l'abbé *Roy*, T. IV.

3. Dans un *carré* in-18. D. à dr. Au bas. *Angier Pantaléon.*

MAISON D'ANGLURE.

ANGLURE (Anne d') *de Savigny*, marquise de Bourbonne, fille de *Charles* d'Anglure de Savigny, vicomte d'Estoges, et de *Marie* Babou de La Bourdaisière, mariée en 1623 à *Charles* de Livron, marquis de Bourbonne, chevalier des O. du roi, lieut.-gén. au gouvernement de Champagne.

(M. *Lasne*), in-18. h. 89 *m.* l. 73. D. à g. au bas :

> Cette beauté se sert d'inéuitables armes
> Quand elle veut *renger* les cœurs sous ses loix ;
> Et le sien n'a cédé qu'*aus* jnuincibles charmes
> Du chaste Gastebois.

BRANCHE DES BARONS DE GIVRY.

ANGLURE (Anne d'), seig. de *Givry*, comte de Tancarville, etc., mestre de camp de la cavalerie, surnommé *le brave guerrier*, fils de *Réné* d'Anglure, seigneur de Givry en Argonne, etc., et de *Jeanne* Chabot. Il fut tué en 1594, au siège de Laon.

1. *Dessin* in-fol., à la B. i. Collection *uxelles*. T. 14, p. 71.

2. *En petit*, dans la chronologie collée, n° 44. D. à dr.

3. *En petit*, n° 44, copie du précédent. D. à g.

BRANCHE DES SEIGNEURS DE BOURLEMONT.

ANGLURE (CHAR. FRANÇ. d') *de Bourlemont*, archevêque de Toulouse, abbé de Saint-Pierre-aux-Monts, de Belchamp, de la Creste, et primicier de Metz, fils de *Claude* d'Anglure, baron de Bourlemont, et d'*Angélique* Diacette de Châteauvilain, nommé évêque d'Aire en 1649, de Castres en 1661, archevêque de Toulouse en 1662, mort en 1669 à l'âge de 74 ans.

1. L. *L.*, dict. *Ferdinand* pingebat, p. *Van Schuppen*. Sculpebat 1665. In-folio.

2. Dans un *octogone* in-4. D. à g. Au bas 2 lig. h. 199 *m*. l. 161.

ANOT (PIER. NIC.), prêtre, docteur en théologie, grand pénitencier, théologal et chanoine titulaire de l'église métropolitaine de Reims, né en 1762 à Saint-Germain-Mont, *Ardennes*, m. à Reims le 21 oct. 1823.

1. Lithographié de mémoire par *Alexandre*, in-4.

2. Dessiné de mémoire par *Mellier*, lith. in-4.

AUBERTIN (EDME), ministre calviniste, né en 1595 à Châlons-sur-Marne, *Marne*, reçu ministre à Charenton en 1618, nommé la même année à l'église calviniste de Chartres, appelé à celle de Paris en 1631, mort dans cette ville le 5 avril 1652.

1. A Paris, chez E. *Desrochers*, in-8.

2. *Moncornet* ex. 1659, in-8.

AUBERTIN (EDOUARD), commissionnaire de roulage, juge au tribunal de commerce de Châlons-sur-Marne, né dans cette ville en 1813, dép. de la Marne à l'Ass. nationale de 1848 et à la Législative de 1849.

Par *Maurin*, d'après *Brocas*, lith. in-fol., col. *Delarue*.

AUGER (EDMOND), jésuite, prédicateur et confesseur d'Henri III, né en 1515 à Allemanche, *Marne*, entré dans la compagnie de Jesus en 1550, mort à Côme, en Italie, le 17 janvier 1591.

Gaspard *Bouttats* sculp. Antverpiæ. In-fol,

B

BABEAU (JAC.), conseiller au bailliage de Troyes, né le 31 mars 1734 à Ricey, *Aube*, nommé conseiller au bailliage de Troyes en 1762, officier municipal de la commune de Troyes le 15 brumaire an 4, m. à Troyes en mai 1798.

Dess. et gravé par *Quenedey*, profil à g., in-18, *K*. 85.

BABEAU (AUGUSTIN-PIERRE), directeur des postes à Troyes, fils du précédent et de *Marie-Jeanne* Rambourgt, né le 24 oct. 1768 à Troyes, *Aube*, admis avocat au bailliage de Troyes en 1790, nommé commissaire du directoire exécutif près l'administration municipale du canton de Thennelière le 8 frimaire an 4, entré dans l'administration des postes en 1808, il devint contrôleur à Troyes, puis directeur ; m. à Troyes le 11 février 1855.

Au physionotrace, rond avec coins, h. et l. 61 *m*., *profil* à d.

BACHELIER (P.-SIMON), général des minimes, né à Reims, *Marne*, élu vicaire général de son O. à Gênes en 1625, général à Barcelonne en 1629, mort en 16...

Ovale à coins in-12. D. à dr., au bas 3 lig. lat., h. 119 *m*. l. 79.

BACHELIER DE GENTES (PIER.), homme pieux, recommandable par sa charité et ses bonnes œuvres, né le 17 juin 1611 à Reims, *Marne*, m. à Reims le 4 mai 1672, inhumé à St-Jacques, sa paroisse.

Jo. *Colin* sculp. Remis in-8.

BAILLET (PAUL-FÉLIX-ANT.), curé de Saint-Séverin à Paris, né le 17 jan. 1759 à Nogent-sur-Seine, *Aube*, mort à Paris le 9 nov. 1831.

1. Lith. ovale in-fol. D. à g., au bas 5 lig.

2. Lith. de *Villain*, in-fol. plus petit. D. à g.

BAILLY (MARC-BENJAMIN-CIMBER), maire de Sézanne, né le 22 mai 1797 à Montmirail, *Marne*, dép. de la Marne à l'ass. nat. de 1848.

1. A *Lemaire* lith. in-fol. col. *Delarue*.

2. Lith. d'après nature par *Léveillé*, in-4, col. *Basset*.

BALLIDARD (J.-BAPT.-DAVID DE), chev., seig. de la cour, du fief des grandes et petites côtes, procureur du roi au bailliage de Vitry-le-Français, né le 21 nov. 1748 à Vitry, *Marne*, dép. de la noblesse du bailliage de Vitry à l'ass. nat. de 1789.

1. *Labadye* del. In-8, *dessin* à la B. I., N f 62 a.

2. *Delaplace* del. In-4, *dessin* à la B. I., N f. 62 da.

BAR (PIER. DE), cardinal, doyen de l'église de Saint-Maclou de Bar-sur-Aube, légat en Espagne, né à Bar-sur-Aube, *Aube*, créé cardinal en 1244, m. à Pérouse en 1252.

1. Dans l'Histoire des Cardinaux de F. *Du Chesne*, in-4.

2. Copie in-8, dans les Cardinaux de l'abbé *Roy*, T. III.

3. Dans un carré in-18. D. à dr., au bas : *Pierre de Bar*.

BAR (GEOFFROY DE) ou *Barbeau*, cardinal, chapelain de l'évêque de Paris, doyen de Saint-Quentin, chanoine et doyen de l'église de Paris, né à Bar-sur-Seine, *Aube*, créé cardinal en 1281, m. de la peste à Rome le 21 août 1287.

1. Dans l'Histoire des Cardinaux de F. *Du Chesne*, in-4.

2. Copie in-8, dans les Cardinaux de l'abbé *Roy*, T. IV.

3. Dans un carré in-18. D. à dr. ; au bas : *Geofroy de Barbeau*.

BARADAT (HENRI DE), Evêque et comte de Noyon, pair de France, fils de *Guillaume*, seigneur de Damery, Fleury et de Thou, et de *Suzanne* Romain, dame de Fontaine, né à Damery, *Marne*, fut prieur des Essarts, prévôt de Fanières, chanoine de N.-D. de Paris, abbé de Clairmont, nommé évêque de Noyon en 1627, m. à Noyon le 25 août 1660.

Roussel, ovale in-fol. D. à dr.; dans les coins le chiffre HDBAR.

BARADAT (LOUIS DE), évêque de Vabres, neveu du précédent, à qui il succéda dans le prieuré des Essarts et l'abbaye de Clairmont, né le 6 janv. 1640 au château de Damery, *Marne*, nommé évêque de Vabres en 1672, m. à Vabres le 17 mars 1710.

Humbelot sculp. in-fol.

BARBIER (FRANÇ.-J.-B.), chevalier, conseiller du roi, président au présidial de Vitry-le-François, âgé de 33 ans, 1736.

Pinot pinxit, *Pinot* filius sculp. in-8.

BARBIER (PIER.-FRANÇ.), maire de Vitry-le-François et lieut.-gén. du bailliage, né le 31 août 1753 à Vitry, *Marne*, dép. du tiers état de ce bailliage à l'ass. nat. de 1789, nommé en l'an 8 président du tribunal de Vitry.

1. *Labadye* del. in-8, *dessin* à la B. I., N f. 62 a.

2. *Labadye* del., *Courbe* sc. in-8. col. *Dejabin*.

BARBIER (ANT.-ALEXAN.), savant bibliographe, auteur du dictionnaire des ouvrages anonymes et pseudonymes, successivement bibliothécaire du Directoire exécutif, du Conseil d'Etat, de Napoléon et de Louis XVIII, ancien vicaire à Dammartin, puis curé à La Ferté-sous-Jouarre, né le 11 jan. 1765 à Coulommiers, *Seine-et-Marne*, mort à Paris le 5 déc. 1825.

1. *Z^{in} Belliard* lith. in-fol., *Rossela* éditeur.

2. G. *Lewis* del., J.-L. *Wedgwood* sc. in-4.

3. E. *N*, imp. lith. de *Bove* in-8.

4. *Vigneron*, lith. de *Langlumé* in-8.

BARE (DOM DE), grand prieur de l'abbaye de Saint-Remy de Reims, assista en cette qualité au sacre de Louis XV, né à Reims, *Marne*, m. à Reims vers 1780.

Patas sc. in-8 ou in-4 avec encadrement; au bas : HABILLEMENT du grand prieur de l'abbaye de Saint-Remy.

BARTHELEMY (VINCENT), avocat consultant, né en 1616 à Rethel, *Ardennes*.

N. *de Plate-Montaigne* pin. et sculpebat, ovale in-fol., dans les coins le chiffre V. B., et pour devise : *ma liberté*.

BARTHELEMY-HADOT, V. HADOT.

BAUDIN (PIER.-CHAR.-LOUIS), poëte et littérateur, membre de l'Institut, maire de Sedan, dép. des Ardennes à l'ass. législative de 1791, à la Convention en 1792, et au Corps Législatif en l'an 7, né en 1748 à Sedan, *Ardennes*, m. à Paris le 14 oct. 1799.

Gonord, profil à g., ovale à fond, extérieur marbré, in-18.

BAUGIER (EDME), écuyer, seigneur de Breuvery, conseiller, secrétaire du roi, doyen du présidial de Châlons, ancien lieutenant de roi et de la ville, 1er échevin, juge criminel et de police et sous-doyen du conseil de ville, 1714, né à Châlons, *Marne*, vers 1660, mort en 172..

Justinar pinx.; *Langlois* sculp. In-8.

BEAULIEU (SIMON DE), cardinal-archevêque de Bourges, né au château de Beaulieu, *Yonne*, fut archidiacre de Chartres et de Poitiers, puis chanoine de Bourges et de St-Martin de Tours, nommé archevêque de Bourges en 1281, créé cardinal en 1295, mort à Orviete le 18 août 1297.

Carré in-18. D. à g. Au bas : *Simon de Beaulieu.*

BEAUTEMPS BEAUPRÉ (CHAR. FANÇ.), ingénieur hydrographe en chef de la marine, membre de l'institut, *Académie des Sciences*, grand off. de la lég. d'honneur, né le 6 août 1766 à la Neuville-au-Pont, *Marne*, m. à Paris le 28 mars 1854.

Jul. *Boilly*, 1822, lith. in-fol.

BÉCHANT (FRANÇ.), official de Dourdan, grand vicaire de Chartres, né le 17 février 1752 à Chaumont-la-Ville, *Haute-Marne*, dép. du clergé du bailliage de Dourdan à l'Ass. nat. de 1789, obtint la place de chef de vérification de la section de Paris à la loterie, mort à Paris vers 1810.

Labadye del. In-8, *dessin* à la B. I., N f. 62 a.

BECQUEY (FRANÇ.), conseiller d'état, directeur gén. des ponts et chaussées et des mines, né en 1760 à Vitry-sur-Marne, *Marne*, nommé en 1790 procureur gén. syndic du dépt. de la Hte-Marne, dép. de ce dépt. à l'Ass. législative de 1791, au corps législatif en 1804, à la chambre de 1815 et années suivantes, conseiller de l'Université en 1812, conseiller d'état, directeur gén. du com-

merce en 1814, sous-secrétaire d'etat de l'intérieur en 1816, di.
recteur gén. des ponts et chaussées et des mines en 1817, mort
à Paris le 2 mai 1849.

Montaut del. et sc. In-8, au trait.

BÉDIGIS (Franç. Nic.), ancien professeur de l'Acad. royale
d'écriture et juré expert des actes contestés en justice, auteur de
l'art d'écrire démontré, publié en 1768, né le 1ᵉʳ av. 1738 à Servon,
Marne, m. à Paris le 12 mars 1815. Son corps, par suite de l'oc-
cupation de Paris par les alliés, resta cinq jours sans être inhumé.

C. L. *Desrais* delineavit, *Droyer* sculpsit, in-fol.

BÉGUIN (Jean), seigneur de Châlons-sur-Vesle, lieut. gén. au
présidial de Reims, né en 1615 à Reims, *Marne*, mort à Reims le
14 septembre 1692.

Je. *Colin* fe. Remis 1676, in-fol.

BELLEMONT ou Belmont (Marie-Marguerite *Bauret*, dite So-
phie), actrice du Vaudeville, puis de l'Opéra-Comique, mariée en
1ʳᵉˢ noces à *Barnabé* Leroux, dit *Henry*, acteur du Vaudeville, et
en 2ᵉˢ à *Emm.* Mercier-Dupaty, née en 1774 à Givet, *Ardennes*,
débuta au Vaudeville en 1792, m. à Paris au commencement
de janvier 1845.

1. L. *Chéry*, lith. in-fol.

2. *Gautier* ps. profil à d. dans un ovale in-18.

3. Dessiné par A. *G.*, gravé par A. *G.*, in-fol. en pied, rôle
d'*Agnès* Sorel.

4. *Cœuré* del., *Prudhon* sculp., in-fol. en pied, rôle de *Françoise* de Foix.

5. Rôle d'*Aline*, gravure in-4, en pied.

6. Vᵗ B. S. C. in-8, en pied, rôle de *Fanchon*.

7. Costume de ville de *Fanchon*, gravure in-8, en pied.

BELLEVAL (Pier. *Richer* de), médecin et botaniste, chancelier
et doyen de l'université de Montpellier, professeur d'anatomie
et de botanique à cette université, né en 1558 à Châlons-sur-
Marne, *Marne*, m. à Montpellier en 1623.

1. (*Boyer d'Aguilles*) manière noire, in-fol. D. à g.

2. *Ovale* in-4. D. à dr., avec 3 lig. allemandes.

3. *Cazals* 1834, lith. in-8.

4. *Ovale* in-8, D. à dr., *anno dni 1608 ætatis suæ 46*.

BELLEVAL (Martin *Richer* de), médecin, chancelier et juge
de l'université de Montpellier, conseiller en la cour des comptes
et aides, neveu du précédent, né à Châlons-sur-Marne, *Marne*,

reçu docteur en 1621, professeur en 1623, chancelier en 1641,
m. à Montpellier en 1664.

C. *Le Brun* pinx. *Ægid. Rousselet* sculp. 1662, in-fol.

BÉLU (JEAN-FÉLIX), directeur des ponts et chaussées, chev.
de la lég. d'honneur, né le 18 mai 1763 à Troyes, *Aube*, admis à
la retraite en 1837 avec le titre d'inspecteur divisionnaire honoraire, mort en 185..

Peint et lithog. par Ch. *Borély*, in-fol.

BÉNARD (MARIE-ANNE *Pierron* dame), m. à Sens le 27 juil.
1823, âgée de 57 ans; lorsque les alliés assiégèrent la ville de
Sens en 1814, quelques bourgeois ayant été pris les armes à la
main, il fut résolu que les habitants seraient passés au fil de
l'épée ; cette dame effrayée du sort qui menaçait ses concitoyens,
bravant les balles et les obus, courut se jeter aux genoux du
prince de Wurtemberg. Le prince frappé du courage de Mme Bénard, fit grâce à la ville.

Dessiné d'après nature et gravé par *Sisco*, in-4.

BERBIER DU METZ (GÉDÉON), présid. de la cour des comptes,
ancien garde du trésor, intendant et contrôleur gén. des meubles
de la couronne, né en 1626 à Rosnay, *Aube*, m. à Paris le 10
septembre 1709, âgé de 83 ans.

Hyacinthe *Rigault* pinxit, *Edelinck* sculp. In-folio.

BERBIER DU METZ (CLAUDE), seig. de la Chalette, lieut. gén.
d'artillerie, né à Rosnay, *Aube*, tué à la bataille de Fleurus le 1er
juillet 1690, à 53 ans.

1. *Tortebat* pinxit, *Edelinck* sculp. C. P. R., in-fol.

2. Inv. et exegit F. *Girardon* et in ære incidit S. *Le Clerc*, in-fol.

BERGIER (NIC.), avocat et historiographe du roi, professeur
à l'université de Reims, auteur des Antiquités de Reims et de
l'histoire des Grands Chemins de l'empire romain, né le 1er mars
1567 à Reims, *Marne*, m. le 15 sept. 1623 au château de Grignon,
chez *Nicolas* de Bellièvre.

1. F. *Pilsen* sculp. et ex. gandavi, in-fol.

2. J. V. *Vianen* fecit, in-fol.

3. E. *Moreau* fecit, in-4.

4. Lith. de *Boudié* et *Camusat* à Reims, in-8.

BERRYER (PIER. NIC.), avocat à la cour royale de Paris, chev.
de Malte, né le 22 mars 1757 à Ste-Menehould, *Marne*, mort à
Paris le 25 juin 1841.

1. L. P. *Fromant*, lith. de *Cheyère*, in-4.

2. Ambroise *Tardieu* direxit, in-8.

3. Lith. in-fol. avec *Bellart, Dupin* aîné et *Hennequin.*

BERTÉCHE (LOUIS-FLORENTIN), colonel du 16e régiment de chasseurs, com. en second de la place de Sedan, né le 14 oct. 1764 à Sedan, *Ardennes*, m. à Sedan le 7 janv. 1839.

Swebach del., *Lorieux* f. in-4, vignette avec texte.

BERTHEREAU (THOMAS), ancien procureur au Châtelet de Paris, dép. du tiers-état de Paris à l'Ass. nat. de 1789, né le 22 nov 1733 à Coulommiers, *Seine-et-Marne*, nommé juge au tribunal de Paris, puis président du tribunal de première instance, officier de la Lég.-d'Hon. en 1811, mort à Paris le 22 sept. 1817.

1. *Labadye* del. in-8, dessin à la B. I., N f. 62 a.

2. *Labadye* del., *Texier* sc. In-8. Coll. *Dejabin.*

BERTIN (ANT.), curé de St-Remy de Reims, écrivain naturaliste et géographe, né en 1761 à Droup-St-Basle, *Aube*, mort à Reims le 30 juil. 1823.

1. *Meillier* invenit et sculpsit in-4.

2. *Copie* in-4, dans le sens opposé.

BERTON (J.-BAPT.), maréchal de camp, né le 15 juin 1769 à Francheval, *Ardennes*, décapité à Poitiers le 5 oct. 1822.

1. S.-R., lith. de *Delpech*, in-fol.

2. Lith. dans un carré in-4. D. à dr.; au bas trois lignes.

3. Lith. de C. de *Lasteyrie*, 3/4 à dr., in-8.

4. Lith. de *Sentex*, rue de Richelieu, 10, in-8. D. à dr.

5. *Réveil*, eau forte, 3/4 à g. In-12.

6. *Pauquet* del., *Frilley* sc., in-4 en pied.

7. *Martinet* del., *Réville* sculp., terminé par *Bovinet.* In-8 oblong : SUPPLICE DE BERTON.

BERTRAND (JEAN) maire de Vitry-le-François, né en 1809 à Vitry-le-François, *Marne*, député de la Marne à l'Ass. nat. de 1848 et à la législative de 1849.

Fischer, lith. in-fol., col. *Delarue.*

BÉRULLE (Pierre de), cardinal, fondateur et premier gén. de la congrégation des prêtres de l'Oratoire en France, né le 14 fév. 1575 au château de Cerilly, *Yonne*, créé cardinal en 1627, m. le 2 oct. 1629, en officiant.

Portraits in-folio.

1. J. *de la Monce* pin., B. *Audran*, sculp.

2. P. *Champaigne* pin., N. *de Plate-Montaigne* sculpebat, 1661.

3. M. *Lasne* deline. et f. à mi-jambes. D. à dr.

4. *(M. Lasne)* assis devant une table, D. à dr., il tient une plume dans la main droite.

5. Jac. *Lubin* sculp., D. à dr. dans *Perrault*.

BÉRULLE, *portraits* in 4.

6. A. *Hérault* pinxit, C. *Errard* delineavit, *Bachot* sulpsit.

7. Dans un carré de 223 *m*. de h. 158 de l., tombant dans les bras des prêtres : *cepta sub extremis*, etc.

8. *Champagne* pin., *Habert* sc., D. à dr. h. 190 *m*. 1. 162.

9. Michel *Van Lochem* fecit. D. à g.

10. *Perrot* lith., D. à g., gloire du clergé.

11. *Rulmann* del. lith.

BÉRULLE, *portraits* in-8.

12. Dans un carré, h. 126 *m*. 1. 95, D. à g. on voit une couronne d'épine à g. et son bonnet carré à dr.

13. A Paris, chez *Crespy.*

14. Gravé par E. *Desrochers*, chez *Daumont*, D. à dr.

15. Genre d'*Habert*, D. à g., sur la table 4 lig. h. 140 *m*. 1. 94.

16. *Champ*. pinx., *Huven* sc.

17. M. *Lasne* fe., *carré*, les mains jointes, D. à dr.

18. M. *Lasne* fe., *ovale*, les mains jointes, D. à dr.

19. Michel *Van Lochem* fecit, 1657, D. à g.

20. B. *Moncornet* excu., D. à dr., ovale seul.

21. B. *Moncornet* excu., ovale avec ornements, D. à g.

22. Le nº 21 passé dans la suite d'*Odieuvre.*

23. *Moreau* fecit., à genoux, aux pieds de la vierge.

24. D'après *Lubin*, suite de *Pujol*, au trait.

25. *Raou* excu., ovale, D. à dr.

26. Philippe *Champagne* pinx., *Vérité* sculp. 1791

BÉRULLE, *portraits* in-12, 18 et en petit.

27. N. *Auroux* sculp., D, à dr.

28. En petit dans un carré, D. à g., au bas : *Pierre de Bérulle.*

29. Jaspar *Isac* ex., octogone.

30. M. *L. (Lasne)*, octogone, D. à dr.

31. M. *(Lasne)*, ovale, D. à dr., coiffé de la barette : sur la marge quatre lig. latines et *Mariette* excud.

32. Le même : *Mariette* remplacé par l'adresse d'*Odieuvre.*

BÉRULLE (Jean de), conseiller d'état, maître des requêtes.

frère du précédent, reçu conseiller au parlement le 28 janv. 1608.

Ægid *Rousselet* delin. et sculpsit, ovale in-fol., D. à dr , le fonds est fait de tailles courbes.

BEUGNOT (Jac.-Clau.), comte, pair, grand-croix de la lég.-d'honneur, anc. avocat, procureur gén. syndic du dépᵗ de l'Aube, dép. de ce dépᵗ à l'Ass. législative de 1791, nommé préfet de la Seine-Inférieure en 1800, conseiller d'état en 1806, ministre de l'intérieur sous le gouvernement provisoire en 1814, directeur gén. de la police, puis ministre de la marine, directeur gén. des postes en 1815, dép. de la Haute-Marne en 1815, de la Seine-Inférieure en 1816, grand off. de la lég.-d'honneur en 1817, grand-croix en 1821, créé pair en 1830, né le 25 juil. 1761 à Bar-sur-Aube, *Aube*, m. à Bagneux, près Paris, le 24 juin 1835.

1. *Montaut* del. et sculp., au trait. In-8.

2. *Profil* à dr., sans fonds, au bas : M. BEUGNOT.

BEURNONVILLE (Pier.-Riel marquis de), pair et maréchal de France, ministre d'état, grand-croix de la lég.-d'honneur, chev. du St-Esprit, com. de St-Louis, né le 10 mai 1752 à Champignolles, *Aube*, mort à Paris le 23 avril 1821.

1. H. *Grevedon*, 1824, lith. de *Delpech*. In-folio.

2. *Levachez* sculpsit, au-dessous une vignette par *Duplessi-Bertaux*, et texte. In-folio.

3. Alᵈʳᵉ *Moitte*, lith. de *Villain*, in.-fol., D. à dr,

BEURNONVILLE, *portraits* in-4.

4. C.-P.-L (*Crespy-le-Prince*), 1821, lith. de C. *Motte*, D. à g.

5. A Paris chez l'auteur, rue des Francs-Bourgeois, D. à g.

6. *Desrais* delineavᵗ, *Ruotte*. sculps., D. à dr.

BEURNONVILLE, *portraits* in-8.

7. F. *Bonneville* del. sculp., 3/4 à g.

8. Imp. lith. de *Delpech*.

9. *Heim* pᵗ, *gal.* de Versailles.

10. *Lambert* fecit.

11. Mᵐᵉ *Soyer* sc., au trait.

12. Mˡˡᵉ *de Noireterre* del., la tête terminée par *Velyn*.

BEURNONVILLE, *portraits* in-12, 18 et en petit.

13. H. R. *Coock* sᵗ, pub. by M. *Jones* feb. 1807, D. à g.

14. Copie au trait du n° 12.

15. Dans la *France* militaire, regarde à dr.

16. *Rathier* pinx., *Fremy* del. et sculp.

17. *Ovale* sans fonds, h. 89 *m.* l. 71, au bas : BEURNONVILLE.

BEURNONVILLE, *portraits* en pied.

18. 3/4 à dr. dans un carré in-fol., au bas : BEURNONVILLE.

19. Dessiné par Hilaire *Le Dru*, gravé par *Coqueret.* In-folio.

20. Dessiné par H. *Le Dru*, gravé par J.-B. *Gautier* l'aîné. In-fol.

21. Peint par *Rathier*, *Derodes* sc. ln-4, *gal.* de Versailles.

22. *Swebach* del., J.-F. *Viguet* sculp., sujet avec texte. in-4.

BIDAL (CLAU.-FRAN.), marquis d'Asfeld, maréchal de France, gouverneur du château Trompette, puis de Strasbourg, com. de St-Louis, chev. de la toison d'or, né en 1665 à Asfeld, *Ardennes*, nommé directeur gén. des fortifications et conseiller de guerre en 1715, créé maréchal de France en 1734, mort à Paris le 7 mars 1743.

1. Z*ia* *Belliard*, lith· in-fol.

2. Peint par *Schopin*, *gal.* de Versailles, 1464. in-4, en pied.

BIGNICOURT (GÉRARD DE) de Bussy, chev., vicomte de Merfy, conseiller du roi, chasses et forêts de France.

Joa. *Colin* dans une thèse. ln-fol.

BIGNICOURT (SIMON DE), poëte et littérateur, ancien conseiller au présidial de Reims, né le 15 mai 1709 à Reims, *Marne*, mort à Paris en 1775.

J. *Robert* fecit, 1767, profil à g., petit in-4.

BILLAUDEL (J.-B.-B.), ancien député, ancien maire de Bordeaux, dép. de la Gironde à l'Ass. nat. de 1848, né le 12 juin 1793 à Rethel, *Ardennes.*

Lith. d'après nature par Marin *Lavigne*. In-4, col. *Basset.*

BILLUART (CHARLES-RÉNÉ), dominicain, célèbre prédicateur, né le 18 janv. 1685 à Révin, *Ardennes*, m. à Révin le 20 janv. 1757.

Desvertu sculpsit. In-8, D. à dr.

BLAMPIGNON (NIC.), docteur de Navarre, second chefcier, chanoine et second curé de St-Merri à Paris, et seul curé en 1683, né en 1642 à Méry-sur-Seine, *Aube*, m. à Paris le 27 sept. 1710, âgé de 68 ans.

1. *Vivien* pinx., *Edelinck* sculp, 1702. ln-fol.

2. *Jacquemot* sculp. 1827, *copie* in-4.

3. Gravé d'après *Edelinck*, par *Richter* 1779. ln-4.

4. G.-F. *Schmidt* sculp., tête 3/4 à g. ln-8.

BLANCHARD (CHAR.-CYPRIEN-CONSTANT), avocat, maire de

Sedan, député des Ardennes à l'ass. nat. de 1848, né le 14 juillet 1809 à Sedan, *Ardennes*.

Courtois, lith. in-fol., col. *Delarue*.

BLAVOYER (Joseph-Arsène), avocat et agronome, né le 23 janv. 1815 à Troyes, *Aube*, dép. de l'Aube à l'ass. nat. de 1848 et à la législative de 1849.

1. D'après *Egasse* par *Challois*, lith. in-fol., col. *Delarue*.

2. Lith. d'après nature, par E. *Desmaisons*. In-4, col. *Basset*.

BLOIS, V. Champagne.

BLONDEL (David), historien et critique, ministre protestant à Houdan, professeur d'histoire à Amsterdam, né en 1591 à Châlons-sur-Marne, *Marne*, m. à La Haye le 6 avril 1655.

1. R. *Nantveil* delineabat et sculpebat, 1650. In-fol.

2. *Duflos* effigiem sculp., In-fol. dans *Perrault*.

3. *Barankiewicz* fecit, lith. in-4.

4. A Paris chez E. *Desrochers*, *Daumont*. In-8.

BLUGET (Nic.), docteur de Sorbonne, doyen-curé des Riceys, dép. du clergé du bailliage de Bar-sur-Seine à l'Ass. nat. de 1789. Privé de sa cure à la suppression des cultes, il y rentra, au concordat. Il naquit le 11 sept. 1731 à Ricey-le-Bas, *Aube*, il y est mort le 9 nov. 1817.

1. *Labadye* del. in-8, *dessin* à la B. I., N f. 62 A.

2. *Labadye* del., *Courbe* sc. in-8, coll. *Dejabin*.

BOICHOT (J.-Bapt.), sergent-major au 7ᵉ régim. d'infanterie légère, dép. de la Seine à l'Ass. législative de 1849, né le 20 août 1820 à Villiers-sur-Suize, *Haute-Marne*.

1. Dᵉ, *B*, lith. de *Froment*. In-fol.

2. Chez A. *Bès* et F. *Dubreuil*, lith. in-fol.

3. Lith. *Deshayes*. In-fol.

4. Lith. de H. *Jannin*, in-fᵒ, assis, D. à dr., propagande socialiste.

5. Lith. *Miné*. In-fol.

6. Lith. *Froment*. In-4.

7. Lith. d'après nature par *Patout*, In-4., col. *Basset*.

8. Dessiné par G. *Staal*, lith. in-4.

9. *Miné* éditeur, lith. in-8.

10. Chez *Thiébaut*. in-8.

11. A. *Lacauchie* del., *Buland* fils sculp. In-4, en pied.

BOIGEGRAIN (Nic.), curé de Pargues, chanoine titulaire de la cathédrale de Troyes, fondateur des sœurs de la Providence de cette ville, né le 7 mars 1763, m. à Troyes le 3 sept. 1843.

Arnaud del., lith. in-fol.

BOILLETOT, V. VINCENT, capucin.[1]

BOILLOT (Jos.), auteur de divers ouvrages, né vers 1546 à Langres, *Haute-Marne*, m. au commencement du 17e siècle.

Dans un ovale formé de deux branches de laurier sans fonds, in-8, h. 141, l. 106 *m.*, D. à dr., en tête de *nouveaux portraits* et *figures* Langres, *Jehan Des Prey*, 1592.

BONNAIRE (FÉLIX), baron, off. de la lég.-d'honneur, né le 23 oct. 1766 à Vitry-le-Français, *Marne*, nommé administrateur du dépt du Cher en 1792, dép. de ce dépt au Conseil des 500 en l'an VI, préfet des Hautes-Alpes en 1800, de la Charente en 1802, d'Ile-et-Vilaine en 1805, de la Loire-Inférieure en 1815, dép. d'Ile-et-Vilaine en 1815 pendant les cent jours.

Gonord, profil à g. In-18, n° 8, rond à coins marbrés.

BONNARD (MÉDARD), capitaine de gendarmerie, chev. de St-Louis et de la lég-d'honneur, né le 13 juil. 1775 à Damery, *Marne*, m. à Damery le 11 spet. 1843.

Chaponnier sculpt. In-8.

Louise-Caroline PAILLART, femme du précédent, née le 27 déc. 1803, mariée le 15 nov. 1826, à Damery.

Lith. de *Delpech*, 3/4 à dr. In-8.

BONNARD (LOUIS-MELCHIOR-ALEXAN.), fils des précédents, né le 2 oct. 1827 à Damery, *Marne*.

Lith. de *Delpech*. In-8.

BONNARD (CAROLINE-VALENTINE-MÉDARDINE), sœur du précédent, née le 19 av. 1835, m. le 17 mars 1836.

Lith. de *Delpech*. In-8.

BONNEVIE (PIER.-ÉT.), abbé, prédicateur, chanoine de Lyon, grand vicaire de Toulouse, né le 12 janv. 1761 à Rethel, *Ardennes*, mort en 182. à Lyon.

Lith. d'après un dessin à la plume de Pierre *Reveil*. In-fol.

BOUCHARDON (EDME), sculpteur et architecte, sculpteur ordinaire du roy, membre et professeur de l'Académie royale de peinture et sculpture, né en 1698 à Chaumont, *Haute-Marne*, reçu à l'Académie en 1774, nommé professeur en 1746, mort à Paris le 27 juillet 1762.

1. *Drouais* pinx., gravé par J. *Beauvarlet*, in-fol.

2. *Volpini* dis., G. Batta *Cecchi* sc. In-fol.

3. Dessiné par C. N. *Cochin* le fils, gravure in-4.

4. Peint par F. H. *Drouais*, Gal. de Versailles 2641, in-4.

5. Suite de *Pujol* d'après *Cochin*, au trait, profil à g. in-8.

6. *Rotceh*, Chaumont, lith. *Cavaniol*. In-8.

7. *Cochin* pinx., *Landon* direx., in-18, avec encadrement in-8.

BOUCHER DE PERTHES (Jac.), littérateur, chev. de la Lég.-d'Honneur, directeur des douanes à Abbeville, né le 10 sept. 1788 à Rethel, *Ardennes*.

H. *Grévedon* 1831. Lith. in-fol.

BOUCHERAT (Nic.), docteur en théologie, abbé général de Citeaux, fils d'*Oudart* Boucherat et de *Barbe* Hennequin, né à Pont-sur-Seine, *Aube*, fut prieur de Citeaux, abbé de Vaucelles, coadjuteur d'*Edmond* de La Croix, il lui succéda en 1604 et mourut à Paris le 8 mai 1625, âgé de 63 ans.

J. *de Courbes* fecit in-8, *très rare*.

BOUCHOTTE (Pierre-Paul-Alexandre), procureur du roi à Bar-sur-Seine, dép. du tiers-état de ce bailliage à l'Ass. nat. de 1789, né le 18 juil. 1754 à Bar-sur-Seine, *Aube*, mort à Bar-sur-Seine le 23 av. 1821.

Labadye, del. in-8, dessin à la B. I., N f. 62 a.

BOUCHU (Pier.), docteur en théologie de la faculté de Paris, abbé gén. de Clairvaux, fils de *Jean* Bouchu, 1er président au parlement de Dijon, né à Eclance, *Aube*, entra dans l'O. de Citeaux, fut nommé prieur titulaire de Gaond en 1648, abbé de Sept-Fons en 16.., 41e abbé de La Ferté en 1655, 48e abbé gén. de Clairvaux en 1676, m. le 18 fév. 1718 après 70 ans de profession et 40 ans de dignité abbatiale.

R. *Nanteuil* ad viuum pingebat et sculpebat 1669, in-fol.; aux premières épreuves on lit : *abbas firmitatis*.

BOUDET (Jean-Pier.), pharmacien en chef de l'armée en Egypte, de la grande armée en Autriche, puis de l'hospice de la Charité à Paris, chev. de la Lég -d'Honneur, né le 26 oct. 1748 à Reims, *Marne*, m. à Paris le 18 déc. 1828.

Dutertre, gravure de profil à dr. In-18.

BOURBON (Nic.), poëte latin, précepteur de *Jeanne* d'Albret, né en 1503 à Vendœuvre, *Aube*, mort après 1550 à Candes en Tourraine.

1. Sur bois, in-18, de 3/4; sur le titre : *Nicolaï* Borbonii *Vandoperani nugæ*, Paris, Vascosan, 1533.

2. Profil à dr., sur bois, ovale avec ornements sans fonds, in-12; à g. de la tête on lit : *Nic. Borbonius*; à dr. : *Van dop. anno ætatis* XXXII 1535; il porte toque.

3. 1538, sur bois, profil à dr., couronné de laurier, in-18, h. 77
l. 55 *m.*, dans *Nicolaï Borbonii Vandoperani lingonensis nugarum
libri octo*, seb. gryph. Lyon 1538.

4. Sur bois, profil à dr., in-18, copie du n° 2.

5. Profil à g., sur bois dans un cercle, diamètre 42 *m.*

6. *Poigné* à Troyes, gravure sur bois, h. 65 *m.*

7. *Holbein, Cheesman* sc. in-4.

MAISON DE BOURBON.

BOURBON (CHARLES cardinal DE), 2e du prénom de *Charles*,
archevêque de Rouen, pair de France, com. du St-Esprit, 5e fils
de *Charles* de Bourbon, duc de Vendôme et de *Françoise* d'Alençon, né le 22 déc. 1523 à la Ferté-sous-Jouarre, *Seine-et-Marne*,
fut abbé commandataire de St-Denis, St-Germain-des-Prés, St-
Ouen, Jumièges, Corbie, Vendôme, La Couture, Signy, Orcamp,
Montébourg, Valemont, Perseigne, St-Germer, Chateliers, Froid-
mont, St-Étienne de Dijon, St-Lucien de Beauvais, St-Michel-en-
l'Erm. et autres, nommé évêque de Nevers en 1540, de Saintes
en 1544, créé cardinal en 1548, archevêque de Rouen en 1550,
lieut. gén. au gouvernement de Paris en 1551, légat à Avignon
en 1565, évêque de Beauvais en 1570, s'en démit en 1575, dé-
claré par la Ligue, Roi sous le nom de *Charles X* en 1589 après
l'assassinat de Henri III, m. à Fontenay-le-Comte le 9 mai 1590,
enterré à la Chartreuse de Gaillon.

Portraits avec titre de Cardinal.

1. *Dessin* aux trois crayons, in-fol. à la B. I. aux cardinaux.

2. *Dessin* à la sanguine, à la B. I. *Uxelles* T. XIV p. 28.

3. *Le Monnier* pinx., *Miger* sculp. in-4, D. à g.

4. Dans *Montfaucon*, in-4, dirigé à gauche.

5. A. *B.* pinx., M. *Aubert* sculp. in-8, col. *Odieuvre.*

6. *Galerie* de Versailles n° 1970, in-8.

7. *Harrewyn* f. aquâ forti et sculpsit, in-8.

8. *Leberthais* lith. in-8, dirigé à gauche.

9. Thomas *de Leu* fec. et excu. In-8, au bas quatre vers :
Vous qui remarquerez les choses admirables.

10. Lith. avec texte au bas, in-8, dirigé à dr.

11. *Carré* in-18, D. à dr.; au bas : *Charles 2 de Vendosme.*

12. *Carré* in-18, D. à g.; au bas : CAROLUS BORBONIUS, *cardinalis.*

13. Dans un *ovale*, in-18. D. à dr., T. III p. 404.

14. *En petit* dans la chronologie collée n° 50, D. à g.

15. *Copie* du précédent, nᵘ 50 , dirigé à dr.

Ch. de Bourbon avec titre de Roi.

16. *Dessin* in-8, à la B. I., Histoire de France, T. XII.

17. *Médaillon* entouré de diverses monnaies, in-4, profil à **g**.

18. Deux *Médailles* in-18 avec 22 lig. de texte in-4.

19. *Berterham* del. et sc. br., profil in-8.

20. Thomas *de Leu* fe. et excu., in-8; au bas, 4 vers :
Heureuse soit, ô Dieu, la couronne sacrée.

21. *Duchesne* del., médaille et revers, in-8.

22. *Harrewyn* fecit, in-8 ; au bas, les vers du nᵒ 19. D. à g.

23. *Médaille* et revers, in-8, œuvre de S. *Le Clerc*, T. I. p. 134.

24. *Profil* à dr., d'après une *agate onyx*, in-12.

25. Procédé de A. *Collas*, profi à d.l, in-18.

26. *A genoux*, dessin in-fol. à la B. I. Gaignières, T. X, p. **4**, **E**.

BOURBON (Henri I de), prince de Condé, duc d'Enguien, comte d'Anisy et de St-Valery, seig. de la Ferté-sous-Jouarre, pair de France, gouverneur de Picardie, fils de *Louis* I et d'*Eléonore* de Roye, né le 29 déc. 1552 à la Ferté-sous-Jouarre, *Seine-et-Marne* , m. empoisonné le 5 mars 1588 à St-Jean d'Angély, enterré à St-Valery.

1. *Dessin*, profil à g. In-fol. à la B. I. *Uxelles* T. XIII, p. 104.

2. *Dessin* aux 3 crayons. In-fol. à la B. I. Ne, 426., p. 9.

3. 1826, lith. de *Ducarme*. In-4, dirigé à dr.

4. Gravé par *Miger*. In-4, dirigé à dr.

5. L. E. pinx, *Aubert* sculp. In-8, col. *Odieuvre*.

6. Dans un *ovale* in-18 , sur la tab. 3 lig. finissant par *Jarnac* , 1ʳᵉ ligne *Henri II* par erreur.

7. *En petit* dans la chronologie collée nᵒ 39. D. à g.

8. *En petit*. Copie du précédent nᵒ 39. D. à dr.

BOURBON (Franç. de), prince de Conti, souverain de Château-Regnault, seig. de Bonnestable et de Lucé, chev. des O. du Roi, gouverneur d'Auvergne , Paris et du Dauphiné , frère du précédent, né le 19 août 1558 à la Ferté-sous-Jouarre, *Seine-et-Marne*, m. à l'abbaye de St-Germain-des-Prés à Paris le 3 août 1614, y est enterré.

1. *Dessin*. In-fol. à la B. I. *Maison de Bourbon*. D. à dr.

2. Giouanni *Orlandi*. Forma in Roma in-4.

3. Dans un *ovale* à coins marbrés. In-4. D. à g.

4. *De Leu*. fe. in-8. D. à g , en costume civil, au bas 4 vers.
Vous ne *degeneres* de la grande vaillance.

5. Thomas *de Leu* fe. in-8. D. à g. Au bas 4 vers.

> Soubs un armet d'assier voy le filz de Bellone.

6. *Franco*. For. in-8. D. à dr.

7. *Galerie* de Versailles, n° 2032. In-8.

8. Leonardus *Gaultier* fecit. In-8. Au bas les vers du 4.

9. Jean *Le Clerc* ex. in-8. D. à dr. Au bas les vers du 5.

10. Th. *de Leu* fe. dans un carré in-18. D. à g.

11. *Ovale*. In-18. D. à dr. Les noms sur l'ovale, h. 71 *m.* l. 58.

12. *A genoux*. Dessin en couleur à la B. I. *Gaignières*. T. X., p. 4, n.

BOURBON (CHAR. 3ᵉ, cardinal de), du prénom de *Charles*, cardinal de Vendôme, archevêque de Rouen, frère des précédents, né le 30 mars 1562 à Gandelu , *Aisne*, fut abbé de St-Denis, St-Germain-des-Prés, St-Ouen, Bourgueil, Ste-Catherine de Rouen et d'Orcamp, créé cardinal en 1583, m. d'hydropisie le 30 juillet 1594 dans l'abbaye de St-Germain-des-Prés, enterré dans l'église des Chartreux de Gaillon.

1. Dessin aux 3 crayons. In-fol. à la B. I. Ne, 42 B, p. 16.

2. *Dessin* en couleur. In-fol. à la B. I. *Gaignières*, t. 8, p. 6.

3. J. *Gourmont* fe. in-4. *Assis*. D. à d. Anno ætatis 28.

4. Dans les cardinaux illustres de l'abbé *Alby*. In-8. D. à g.

5. Tho. *de Leu* fe. et ex. in-8. Au bas 4 vers.

> Côme les hauts sapins paroissent sur les monts.

6. Dans un *ovale* de feuilles de laurier. In-8. D. à d., les noms au dessus. Au bas 4 vers.

> Ce prince monstre assez le seruice qu'il doit.

7. En petit, dans un *carré*. D. à d. Au bas 2 lig. latines.

8. Dans un *carré* in-18. Au bas *Charles 3 de Vendosme*.

BOURDOIS DE LA MOTHE (EDMOND-JOACHIM), docteur régent de l'ancienne faculté de médecine, ex-médecin en chef des armées et ancien président de la société de médecine de Paris, médecin des enfants de France, chevalier de l'Empire, de la Lég.-d'Honneur et de St-Michel, né le 24 sept. 1754 à Joigny, *Yonne*, m. le 12 déc. 1835 à Paris, en son hôtel, rue Royale.

J. *Isabey* 1811, *Mécou* sculp. In-folio.

BOURGEOYS (MARG.), fondatrice des sœurs de la Congrégation de N.-D. de Villemarie au Canada, née le 17 avril 1620 à Troyes, *Aube*, entrée dans la congrégation en 163., arrivée à Villemarie en 1653, m. à Villemarie le 1 ⸗ janv. 1700.

1. *Massard* del. et sculp. In-8.

2. *Massard* del. et sculp. In-8, à genoux devant la statue de la

vierge.

3. *Massard* del. et sculp. In-8 , à genoux , la très-sainte-Vierge apparaissant à la sœur *Bourgeoys*.

4. *Millin* sculp. In-8, la sœur *Bourgeoys* inspire aux enfants de Villemarie, etc.

5. *Millin* sculp. In-8, la sœur *Bourgeoys* et toutes ses compagnes.

BOURIENNE (Louis-Ant. *Fauvelet*, dit de), off. de la lég.-d'honneur, ancien secrétaire de Bonaparte à l'armée d'Italie, en Egypte et 1er consul, conseiller d'état en l'an x, ministre plénipotentiaire à Hambourg, directeur gén. des postes sous le gouvernement provisoire en 1814, préfet de police en 1815, dép. de l'Yonne à plusieurs Assemblées législatives, né le 9 juil. 1769 à Sens, *Yonne*, m. d'apoplexie à Caen le 7 fév. 1834.

Lith. in-18, caricature, au bas : *Bourienne*.

BOURSAULT (Edme), littérateur, poète, écrivain dramatique, receveur des gabelles à Montluçon, né en oct. 1638 à Mussy-l'Évêque, *Aube*, m. à Montluçon le 15 sept. 1701.

Santerre pinx., *Sisco* sculp. In-8.

BOYER (P.-N.), condamné à 5 ans de réclusion pour avoir pris part aux affaires des 5 et 6 juin 1832.

Dessiné d'après nature à Ste-Pélagie, lith. in-4, chez *Héger*.

BRIENNE (Jean de), empereur de Constantinople, 3e fils d'*Erard* II et d'*Agnès* de Montbéliard, se rendit à la Terre-Sainte en 1210, fut couronné roi de Jérusalem au mois d'octobre dans la ville de Tyr, et empereur d'Orient en 1231, m. le 23 mars 1237.

Peint par *Picot*, gravé par Paul *Gérardet*. In-8.

BRIENNE (Gauthier de), duc d'Athènes, comte de Brienne, connétable de France, fils aîné de *Gauthier* 5e du nom, comte de Liches et d'Athènes et de *Jeanne* de Chastillon, né vers 1305, créé connétable le 9 mai 1356, tué à la bataille de Poitiers le 9 sept. suivant.

Peint par *Rubio*, *gal.* de Versailles, 1358. In-12.

BROCARD (Suzanne), actrice des Français, née le 5 mars 1798 à Chaumont, *Haute-Marne*, débute à l'Odéon en 1814, aux Français en 1822, retirée en 1840, m. à Chaumes en mars 1855; elle avait épousé en premières noces *Chedel* et en secondes *Longpré*.

A. *Collin*, lith. in-fol., en pied, rôle d'Alicic.

BRULLEY de la brunière (Clau.-Jⁿ-Jos.), évêque de Mende, né le 1 fév. 1760 à Sezanne, *Marne*, nommé évêque de Pamiers en 1821, transféré à Mende en 1823, m. à Mende le 16 déc. 1848.

1. *Vibert*, lith. in-fol.
2. Lith. *Migeon*. In-4, *gal.* du Journal des Prédicateurs.
3. Paris, *Marzocchi*, lith. in-18.

BUCHEZ (Philip.-Jos.-Benjam.), médecin, historien, dép. de la Seine à l'Ass. nat. de 1848, président de l'Assemblée, né le 31 mars 1796 à Matagne, *Ardennes*.

1. M. *Alophe*, lith. in-fol., 3/4 à droite.
2. P. *Préval*, lith. in-fol.
3. Lith. d'après nature par *Bour*, In-4, col. *Basset*.
4. *Sur bois*, in-4, 3/4 à droite.
5. Lith. Auguste *Bry*. In-8.
6. Imp. *Decan*, lith. in-18.

C

CAILLE (Nic.-Louis de la), V. La Caille.

CALABRE (Edmond), prêtre de l'Oratoire, directeur du séminaire de Soissons, professeur d'humanités, écrivain ascétique, né en 1665 à Troyes, *Aube*, mort au séminaire de Soissons le 13 juin 1710, âgé de 45 ans.

1. Nic. *Lefebure* pinx., Nic. *Tardieu* sculp. In-fol.
2. *Duflos* f. in-18, profil à droite.
3. J. P. *Le Bas* sculp. In-18, profil à droite.
4. *Profil* à dr. dans un ovale in-18, h. 107, l. 68 *m.*
5. *Profil* à g. dans un ovale in-18, h. 99 *m.*, l. 52.
6. J.-B. *Scotin* sc. in-18, profil à gauche.

CALLOU (Jac.), prêtre, chanoine de l'église de Reims, 1er supérieur du Séminaire, bienfaiteur de l'hôpital de St-Marcoul. né à Reims, *Marne*, m. à l'hôpital de St-Marcoul le 2 juin 1714 âgé de 88 ans.

1. P. *Lochon* faciebat 1713 remis, in-folio.
2. Gravé par E. *Desrochers* à Paris, in-8.

CAMART (P.-Gilles), gén. des Minimes, auteur de sermons, né le 10 mai 1571 à Rethel, *Ardennes*, entré dans les O. en 1589, élu général à Rome le 4 juin 1623, m. à Paule en Calabre le 31 août 1624, enterré dans l'église des Minimes de cette ville.

Dans un *ovale* à coins, in-8. D. à dr.; au bas, 3 lig. lat.

CAMUSAT (Nic.), chanoine de l'église de Troyes, auteur de mélanges historiques et autres ouvrages sur le diocèse de Troyes, né en 1575 à Troyes, *Aube*, m. à Troyes le 20 janv. 1755.

Fl. I R. dans un carré in-8. D. à d.; au bas, 2 lignes latines.

CAMUSAT DE BELLOMBRE (Nic.-Jac.), négociant à Troyes, né le 22 oct. 1735 à Troyes, *Aube.* dép. du tiers-état du bailliage de cette ville à l'Ass. nat. de 1789, m. aux environs de Troyes.

1. *Dessin* in-8, à la B. I., N f. 62 a, page
2. *Labadye* del. in-8., *dessin* à la B. I., N f. a, page
3. *Labadye* del., *Le Tellier* sc. In-8. Col. *Dejabin.*

CARLET (Louis-Fran.), marquis de la Rozière, lieut.-gén. des armées portugaises, grand-croix de Saint-Louis, né le 10 oct. 1733 à Pont-d'Arche, *Ardennes.* nommé maréchal-de-camp en 1781, se rend à l'armée des princes en 1791, passe ensuite en Russie et de là en Portugal, entre au service de ce pays, m. à Lisbonne le 7 av. 1808.

Au trait, dans un *carré* in-8. D. à g., sur la tab. 2 lig.

CARLIER (Pier.-Char.-Jos.), conseiller d'état, com. de la lég, d'honneur, ancien préfet de police, né le 16 mars 1794 à Champigny, *Yonne.*

Léon *Noel* 1853 lith. in-folio.

CAUMARTIN, V. Le Fèvre.

CAUSSIN (Nic.), jésuite, confesseur de Louis XIII, écrivain ascétique, né en 1570 à Troyes, *Aube,* entré dans l'O. en 1596, m. à Paris le 2 juil. 1651.

1. *Baugin* pinx., M. *Lasne* fecit 1651, in-fol.
2. P. *Clouwet* f. in-4.
3. Gravé par E. *Desrochers* in-8.
4. M. L. *(Lasne)* f. in-8. D. à dr.

CHAIX D'EST-ANGE (Victor-Char.), avocat à la cour d'appel de Paris, né le 11 av. 1800 à Reims, *Marne.*

1. *Julien* lith. in-folio.
2. Chez *Aubert*, lith. *Junca* in-4, regarde à dr.
3. *Julien* lith. in-4.
4. *Julien* imp. lith. *Senefelder* in-8, regarde à dr.
5. *Sur bois*, sans fonds in-18. D. à dr., h. 75, l. 72 *m.*

MAISON DE CHAMPAGNE.

CHAMPAGNE (Eudes II de), comte de Blois, Chartres, Tours, Troyes, Meaux et Beauvais, principal ministre sous *Robert* II; il était fils d'*Eudes* I et de *Berthe.* Il fut tué dans un combat près Bar, le 17 sept. 1037, âgé d'environ 55 ans.

1. Dans l'histoire des ministres, par *d'Auteuil*, in-4.
2. Dans le même ouvrage, copie in-12. D. à g., h. 128, l. 72 *m.*

CHAMPAGNE (ETIENNE DE), dit de *Blois*, comte de Mortain et de Boulogne, roi d'Angleterre, fils d'*Etienne*, surnommé *Henri*, et d'*Alix*, fut couronné roi d'Angleterre en 1136, m. en 1154, enterré dans l'abbaye de Feversham.

1. Del. et sculp. G. *Vertue*, in-fol.

2. Are to be sold by *Compton Holland*, ou Thomas *Geele*, profil à dr., in-4.

3. *Vertu* del., *Basan* sculp., in-8, coll. *Odieuvre*.

4. M. V^dr *Gucht* sculp., in-8.

5. Dans un *ovale* avec moulures, in-12. D. à dr., sur la tab. *Stephen*, h. 128, l. 78 *m.*

6. Dans un *Ovale* avec coins, in-12. D. à g., sur la tab. *Etienne de Blois*, h. 129 *m.*, l. 75.

7. *Profil* à dr., dans un ovale avec emblèmes, sans fonds, in-12, sous le buste, ETIENNE.

8. *Hall* sculp. in-18, 3/4 à g., dans un rond, sur l'ovale *Stephen*, h. 65, l. 71 *m.* Hist. d'Angl. de *Goldsmith*.

9. *Ovale* avec moulures in-18. D. à g., sur l'ovale *Stephen*.

10. *Ovale* uni in-12. D. à dr., sur la tab. ETIENNE, h. 120, l. 66 *m.*

11. *Profil* à dr., ovale sans fonds, in-18, au bas 2 lig. lat.

12. Dans la *Chronologie collée*, n° 117, in-32, D. à g.

13. *En pied* dans un carré sans fonds in-4, une épée dans la main dr., sur la marge ETIENNE.

CHAMPAGNE (HENRI I DE), comte palatin de Champagne et de Brie, dit *le Libéral*, fils de *Thibaud* IV et de *Mahaud* de Carinthie, m. le 17 mars 1182.

Arnaud del., *Terreux* sculp. ; hauteur 14 c.

CHAMPAGNE (GUIL. DE) ou de BLOIS, dit *aux blanches mains*, cardinal, archevêque de Reims, principal ministre sous *Philippe-Auguste*, frère du précédent, né en 1135, fut abbé de Saint-Quiriace de Provins, nommé évêque de Chartres en 1164, archevêque de Sens en 1168, transféré à Reims en 1175, créé cardinal en 1180, m. d'apoplexie à Laon en 1202, enterré dans la cathédrale de Reims.

1. Dans l'histoire des ministres de *d'Auteuil*, in-4.

2. Dans les cardinaux de f. *Du Chesne*, 3/4 à dr., in-4.

3. *Copie* in-8 du n° 2 dans l'abbé *Roy*, T. 2.

4. *Copie* in-12 du n° 1, dans Ministres de *d'Auteuil*.

5. Dans un carré in-18 ; au bas : *Guillaume de Blois.*

CHAMPAGNE (ALIX DE), reine de France, sœur des précédents, troisième femme de *Louis* VII, mariée en 1160 , régente en 1190 pendant l'absence du roi *Philippe* II son fils , morte à Paris le 4 juin 1206, enterrée dans l'abbaye de Pontigny.

Dans la *chronologie* collée, *profil* à dr., in-18.

CHAMPAGNE (THIBAUT VI DE), 10e comte de Champagne et de Brie et 1er de ce nom , *roi* de Navarre , surnommé *le Posthume* , *le Grand*, *le Troubadour* et le *faiseur de chansons*, fils de *Thibaut* V et de *Blanche* de Navarre , né en 1201 à Troyes, *Aube*, m. à Pampelune le 12 juil. 1253-4.

1. Lith. par *Julien* d'après le portrait original , in-18.

2. Dessiné par *Bouterwek*, gravé par Mlle *André*, in-4, *assis.*

CHAMPAGNE (MARGUERITE *de Navarre*), fille du précédent et de *Marguerite* de Bourbon-Archambaut, mariée en 1255 à *Ferri* III, duc de Lorraine , morte à Nancy en 1310.

Julian *Traballesi* del., C. *Fauccj* sc., in-folio.

CHAMPAGNE (JEANNE *de Navarre*), reine de France et de Navarre , comtesse de Champagne , de Brie et de Bigorre, fille d'*Henri* I , dit *le Gros*, roi de Navarre , comte de Champagne et de Brie, et de *Blanche* d'Artois, née vers 1271 , mariée à Paris le 12 août 1248 à Philippe IV , roi de France ; elle fonda en 1303 le collège de Navarre; morte au château de Vincennes le 2 av. 1304, âgée de 33 ans ; enterrée dans le couvent des Cordeliers à Paris.

1. Louis *Jogan* sculp., in-folio.

2. Dans un *carré* sans fonds, au trait, in-4 ; h. 163 *m.*, l. 95.

3. Dans *Mezeray*, in-4. D. à dr.

4. *Sergent* del. et sculp. 1788, in-4.

5. Dans *Montfaucon*, in-8 ; un chien sur ses bras.

6. Suite de *Pujol*, au trait, in-8. D. à dr.

7. Lith. de *Delpech*, à Paris, in-12.

8. Dans la *chronologie collée*, 3/4 à dr. in-18.

9. *Lith.* in-folio, en pied, 3/4 à dr.

10. Dans *Montfaucon*, in-18, en pied.

11. *Sergent* del. 1788, *Moret* sculp. 1788, in-4 ; sujet : JEANNE DE NAVARRE FAIT LE COMTE DE BAR PRISONNIER.

BRANCHE DES COMTES DE BLOIS.

CHAMPAGNE (THIBAUT DE), dit *le Bon*, 1er comte de Blois et de Chartres, grand sénéchal de France, 2e fils de *Thibaut* IV , comte de Champagne , et de Mahaud de Carinthie, créé sénéchal en 1152, accompagna Philippe-Auguste à la Terre Sainte, m. de maladie au siège d'Acre, en 1191.

1. Dans *Thevet*, carré in-4.

2. Dans *Thevet*, copie in-12.

3. Peint par *Giraud*, *Gal.* de Versailles, 1566, in-8.

CHANEZ (J.-BAPT.-VICTOR), gén. de brigade, com. de la lég.-d'Honneur, né le 14 avril 1746 à Bar-sur-Seine, *Aube*, m. à Paris le 30 mars 1825.

(Dutertre), profil à dr., gravure in-18, au bas 2 lig.

CHAPPES (PIER. DE), cardinal et chancelier de France, né à Chappes, *Aube*, successivement chanoine de Reims et d'Amiens, trésorier de l'église de Laon, conseiller au parlement de Paris, nommé chancelier le 22 janv. 1316, garda les sceaux jusqu'au 24 janv. 1320, élu évêque d'Arras en 1319, confirmé en 1321, passé à l'évêché de Chartres en 1326, créé cardinal le 18 déc. 1327, m. le 24 mars 1336.

Étant chancelier, il conseilla au roi d'adopter pour toute la France un même poids, une même mesure et une même monnaie; ce projet ayant failli susciter une révolte, fut abandonné.

Dans un *carré* in-18. D. à dr.; au bas : *Pierre de Chappes*.

CHAPPON (PIER.-JAC.), ancien négociant, président du tribunal de commerce de Meaux, dép. de Seine-et-Marne à l'Ass. nat. de 1848, à la législative de 1849, né le 13 juil. 1788 à Meaux, *Seine-et-Marne*, mort en 1850.

Lith. d'après nature par *Léveillé*. In-4, coll. *Basset*.

CHARBONNET (PIER.-MATHIAS), poète et orateur, ancien recteur de l'université de Paris, ancien inspecteur des écoles royales militaires, né le 23 février 1733 à Troyes, *Aube*, mort à Paris le 9 fév. 1815.

1. Dess. et gravé par *Quenedey*, in-18.

2. L. P. *Fromant*, lith. in-4.

CHARPENTIER (HUBERT), prêtre, licencié en Sorbonne, professeur de philosophie à Toulouse, directeur de l'hôpital gén. de Bordeaux, grand vicaire des diocèses d'Auch et de Lescar, fondateur, instituteur de la congrégation des prêtres de N.-D. de Garaison et Monne, fondateur, instituteur et 1er supérieur des congrégations des prêtres du calvaire du mont de Bertheram en Béarn et du mont Valérien près Paris, né le 3 nov. 1565 à Coulommiers, *Seine-et-Marne*, m. à Paris le 10 déc. 1650.

1. Dans un *carré* in-4. D. à dr.; au bas 7 lig.

2. Le même avec 12 lig., h. 148 l. 101 *m.*

3. B. *Moncornet* excudit, ovale in-4. D. à g.

4. Gravé par J.-B. *Scotin* en 1739, d'après le tableau original peint en 1647. In-4.

CHARTON (ÉDOUARD), avocat, sous-chef au bureau du Sceau au ministère de la justice, dép. de l'Yonne à l'Ass. nat. de 1848, né le 11 mai 1807 à Sens, *Yonne.*

Dessiné d'après nature par A. *Devéria.* Lith. in-4, coll. *Basset.*

MAISON DE CHASTILLON.

CHASTILLON (ROBERT DE), évêque et duc de Laon, pair de France, fils de *Guy II* de Chastillon et d'*Alix* de Dreux, fut d'abord trésorier de l'église de Beauvais, nommé évêque en juin 1210, m. en 1215.

J. *Picart* incidit, sur le titre de l'histoire de la Maison de Chastillon par A. *Du Chesne,* in-fol.

CHASTILLON (GAUCHER DE), seig. de Montjai, Donzi, etc., fils de *Guy* de Chastillon et de *Mahaud* de Courtenai, né vers 1222, suivit St-Louis en Terre-Sainte en 1248 et fut tué à la bataille de Phatanie en 1251.

Wolf d., F. *Bolt* sc. Vignette in-18 pour la vie de St-Louis.

BRANCHE DE CHASTILLON-PENTHIÈVRE.

CHASTILLON (CHAR. DE.), dit *de Blois,* surnommé *le Saint,* duc de Bretagne, comte de Penthièvre et de Périgord, seig. de Guise, Mayenne, Avaugour, l'Aigle, Chatelaudren, Avesnes, Landrecies, Nouvion, etc., fils de *Guy* de Chastillon 1er du nom comte de Blois, et de *Marguerite* de Valois, né en 1319, tué au combat d'Aurai le 29 sept 1364.

1. Dans l'histoire de la Maison de Chastillon, par *Du Chesne,* page 103, in-8, en pied.

2. Dans *Montfaucon,* in-8, en pied.

3. J. *Picart* incidit, sur le titre de l'histoire de la Maison de Chastillon, par *Du Chesne,* in-fol.

CHASTILLON (MARIE DE), sœur du précédent, mariée en 1res noces en 1334 à *Raoul,* duc de Lorraine, et en 2mes à *Frédéric,* comte de Linanges, morte en 1365.

J. *Magni* del., C. *Faucci* sc. In-fol.

BRANCHE DE CHASTILLON-PORCEAN.

CHASTILLON (GAUCHER IV), seig. de Chastillon, Crécy, Crevecœur, Troissy, Marigny, comte de Porceau, seigneur de Gandelu, Rosoy, Pontarsy, Fère, St-Illier, connétable de Champagne et de France, fils de *Gaucher* de Chastillon et d'*Isabeau* de Villehardouin, né en 1250 à Chatillon-sur-Marne, *Marne*, créé connétable de Champagne en 1286, de France en 1302, m. en 1329.

1. Dans l'histoire des ministres de *D'Auteuil*, in-4.

2. *Desrochers* ex., à Paris chez *Daumont*. In-8.

3. Copie du n° 1, dans un *carré* in-12.

4. Dans la *Gal.* du palais cardinal. In-fol. en pied.

5. Peint par Simon *Vouet*, gravé par F. *Guibert*. In-fol. en pied.

6. Dessiné par *Boilly* fils, gravé par *Geille*. In-4 en pied.

7. S. P. *Copie* in-12 du n° 4. D. à dr.

8. *Copie* in-12 du n° 4, différente. D. à dr.

Seigneurs de BOIS-ROGUES, *comtes de* CHASTILLON.

CHASTILLON (LOUISE-CHARLOTTE DE), abbesse de St-Loup, fille de *François* de Chastillon et de *Claude-Françoise Honoré*, née en 1657, passa son noviciat à l'abbaye de Pentemont, nommée abbesse en 1684, m. le 15 fév. 1711.

Guérard, médaillon, indiqué dans *Le Long*.

CHAUCHARD (HIPPOLYTE), économiste, sous-chef au ministère de l'instruction publique, dép. de la Hte-Marne à l'Ass. nat. de 1848, à la législative en 1849, au corps législatif en 1852, né le 8 mars 1809 à Langres, *Hte-Marne*.

Lith. d'après nature par Célestin *Deshays*. In-4, col. *Basset*.

CHAUCHET (RICHARD), commissaire près l'administration centrale du dépt. des Ardennes, dép. de ce dépt. au Corps législatif en l'AN VII.

Gonord. Profil à dr. In-18, n° 85. Rond, à coins marbrés.

CHÉZY (ANT.), directeur de l'école des ponts et chaussées, né en 1718 à Châlons-sur-Marne, *Marne*, m. à Paris le 4 oct. 1798.

Desprée del. et sculp. In-4, profil à g., la main g. passée dans son gilet; au bas de l'ovale, les attributs de sa profession.

CHOISY D'ARCEFAY (J.-BAPT), cultivateur à Riaucourt, dép. du tiers-état des ville et bailliage de Châlons-sur-Marne à l'Ass. nat. de 1789, né en 1742 à Sery, *Ardennes*.

1. *Labadye* del. In-8, *dessin* à la B. I., N f. 62 a.

2. *Lambert* del., *Coqueret* sculp. In-4, col. *Lerachez*.

CLAUSSE DE MARCHAUMONT (CÔME), évêque et comte de Châlons-sur-Marne, abbé de St-Pierre-aux-Monts, pair de France, né en 1548, m. à Châlons le 1 av. 1624, âgé de 76 ans.

1. *Dessin* à la pierre noire, in-fol. à la B. I., 1612, æt. 64.

2. *Ovale* in-8. D. à dr , les noms sur l'ovale ; au bas, 4 vers.

3. *Dessin* in-fol. à la B. I. *Gaignières*, T. X pag. 37, *debout.*

CLÉMENT (Jac.), dominicain, assassin de Henri III, né en 1564 à Sorbon, *Ardennes*, tué à St-Cloud le 1er août 1589.

1. Dans un carré in-4. Reg. à g., au-dessus : *F. Jaqvis Clément*, au-dessous , 3 lig. :

O très-heureux personnage, etc.

2. Dans un *carré*, h. 160 *m*. l. 123 ; au bas, 3 lig. allemandes.

3. Gravé d'après un dessin de la bibliothèque de Blois par *Massard*, in-8.

4. *Sur bois*, in-8, assassinant *Henri III* ; dans les coins, 4 sujets représentant son supplice.

5. P. *Tardieu* sculp. In-8, copie du précédent.

6. Copie in-8, dans le même sens ; au bas, 2 lig.

7. A Paris, pour Anthoine *Du Breuil*, sur bois. In-fol.; assassinant *Henri III* est tué lui-même.

8. Gravure *sur bois*, in-fol. oblong, h. 210, l. 280 *m.*, assassinant *Henri III* ; au bas, 12 vers par six.

9. Gravure in-fol. oblong, h. 175 *m.*, l. 309, assassinant *Henri III* est tué lui-même ; au bas, 6 vers par 2.

10. A Paris, par Roland *Guerard* et Nicolas *Preuost*, sur bois, in-fol., 2 sujets sur la même feuille : 1° Parle aux gardes ; 2° Est introduit, frappe *Henri III*, est tué.

11. Dessiné par *Le Jeune*, gravé par *David*, in-4. Jacques Clément assassine Henri iii.

CLICOT DE BLERVACHE (L.-Simon), chev. de St-Michel, inspecteur gén. du commerce, écrivain économiste, ancien procureur du roi, né le 27 mai 1723 à Reims, *Marne*, nommé chevalier en 1768, m. le 31 juil. 1796 à sa maison de Belloy, près Ecueil.

1. *Cochin* filius del., *Moitte* sculp. In-4, *Clicot de Clerval.*

2. La tête a été allongée, les mots *Clicot de Clerval* sont remplacés *Clicot de Blervache*, et ceux *Moitte sculp.* sont supprimés.

COCHELET (Adrien-Pier.-Barth.), docteur en droit, lieut. gén. civil et criminel du bailliage de la principauté d'Arches et Charleville, dép. de cette principauté à l'Ass. nat. de 1789, nommé inspecteur des eaux et forêts à Neufchâteau départem. des forêts, né le 29 juin 1753 à Charleville, *Ardennes*, m. au mois d'août 1804 à Epioiex, près de Chiny, dans le Luxembourg.

1. *Perrin* del. In-8, *dessin* à la B. I., N f. 62 a.

2. *Perrin* del., *Voyez* sc. In-8, coll. *Dejabin.*

COFFIN (Char.), poëte et littérateur, recteur de l'université de Paris et principal du collège de Beauvais, né le 1er oct. 1676 à Buzancy, *Ardennes*, m. à Paris le 20 juin 1749.

1. Peint par *Fontaine* 1742, gravé par *Daullé.* In-fol.

2. H. *Rigault* pinxit, C. *Simonneau* sculpsit. In-fol.

3. H. *Rigault* pinxit, C. *Simonneau* sculp. In-8, le 2 réduit.

4. *Beauvarlet* sculp. In-18, buste D. à dr.

5. *Touzé* d., *Duflos* sc. In-fol., *en pied.*

COLBERT (J.-Bapt.), chev., marquis de Seignelay, seig. de Sceaux, Châteauneuf-sur-Cher, Linières, Cheny, Beaumont, etc., ministre et secrétaire d'Etat, contrôleur général des finances, surintendant des bâtiments, arts et manufactures de France, comm. et grand trésorier des O. du Roi, fils de *Nicolas* Colbert, seig. de Vendières, et de *Marie* Pussort, né le 29 août 1619 à Reims, *Marne*, m. à Paris le 6 sept. 1683.

Portraits in-folio.

1. *Dessin* à l'encre de Chine à la B. I., N a. 47.

2. C. *Lefebvre* effigiem pinxit, Benedictus *Audran* sculpsit.

3. G. *Chasteau* fecit. 3/4 à g.

4. *De Larmessin* sculpsit, ovale. 1 génie à chaque coin.

5. *Mignard* effigiem pinxit, C. *Le Brun* del., G. *Edelinck* scul. c. p. r.

6. P. *Mignard* Romanus pinxit, P. *Landry* scul. Parisiis 1668. C. P. *Regis.*

7. Jac. *Lubin* sculp. D. à g. dans *Perrault.*

8. Ant. *Masson* sculp. 1677. D. à dr.

9. *Maurin*, lith. de *Delpech.* D. à dr.

10. *Champaigne* pinxit, *Nanteüil* sculpebat 1660.

11. *Champaigne* pinx., *Nanteüil* sculpebat 1662.

12. *Nanteüil* ad viuum ping. et sculpebat cum priuil. regis.

13. R. *Nanteüil* ad viuum pingebat, sculpebat et excudebat cum priuilegio regis 1668.

14. R. *Nanteüil* ad viuum pingebat et sculpebat 1670.

15. *Nanteüil* ad viuum pingebat et sculpebat 1676.

16. *Nanteüil* sculp., à Paris chez *Naudé*, type n° 10.

17. Petrus *Mignard* in. de *Poilly* sculp., oblong.

18. C.-P. *Marillier* del., N. *Ponce* sculpsit, avec texte.

19. P- *Sudré* del , lith. de *Villain.* D. à dr.

20. 3/4 à g. dans un *ovale*, les titres en latin autour, h. 265,
l. 185 *m*.

21. 3/4 à g. dans un *ovale* seul, copie du n° 11.

22. 3/4 à g. dans un *ovale* seul, copie différente du n° 11.

J.-B. COLBERT , portraits in-4.

23. L. *Barankieswicz* fecit, lith. D. à dr.

24. N. *Bory*, lith. de V. *Ratier*, avec texte.

25. *De Larmessin* sculpebat 1662.

26. N. *de Larmessin* sculpebat 1666.

27. *De Larmessin* sculp. 1680.

28. Fait par *Feuillet*, sculpteur, *F*. sc. D. à dr.

29. J. *Frosne* sculpsit. D. à dr.

30. Engraved by W. *Holl*. D. à g.

31 *Jacob* del. d'après H. *Rigaud*, lith. D. à dr.

32. A. *Bloem* deli., C^or. *Meyssens* fe. Viennæ. D. à dr.

33. Baltazar *Moncornet* et Jean *Sauué* excuder. octog.

34. *Sergent* del., *Ridé* sculp. D. à g.

35. *Champagne* pinxit, P.-Alex. *Tardieu* sculp. D. à *g*.

36. 3/4 à dr., *oblong*, buste avec emblèmes, Mercure à droite,
Minerve à gauche , avec texte italien.

37. 3/4 à dr., lithographie ovale, h. 147 *m*., l. 115.

38. 3/4 à dr., *ovale* , h. 205 , l. 151 *m*. , les noms autour , au
bas 4 vers.

Admirons sa conduite et son illustre emploi.

39. 3/4 à g., *ovale* en manière noire, au bas, COLBERT.

J.-B. COLBERT , portraits in-8.

40. *Allanson* et *Brown*, sur bois, D. à dr., au bas, *Colbert*.

41. A. *Béthune*, sur bois, 3/4 à dr., au bas, *Colbert*.

42. *Champaigne* pinx^t, J. *Collyer* sculp., grand in-8.

43. Lith. de *Delpech*, 3/4 à dr.

44. Peint par Cl. *Lefèvre*, gravé par *Dequevauvillers*.

45. 1674. *Doliuar* fecit, profil à dr., médaille et revers.

46. *Champagne* pinx^t, *Dupin* sculp. D. à dr.

47. *Geille* sc. D. à dr.

48. Lith. de *Mantoux* et *Chéyère*. D. à dr.

49. A Paris, chez *Ménard* et *Desenne*. D. à g.

50. *Mignard* pinx., *Pinssio* sculp., coll. *Odieuvre*.

51. J. *Croisier* d'après *Champaigne*, gravé par B^r *Roger.*

52 Dessiné et gravé par Aug. *St-Aubin*, profil à dr.

53. *Champaigne* pinx., P. *Savart* sculp. 1773.

54. 3/4 à dr. *ovale*, sur la face du support, COLBERT.

55. 3/4 à dr., dans un *ovale*, les armes sur la face du support, et sur la base , JEAN-B. COLBERT.

56. 3/4 à g., *ovale;* au-dessous des armes, JEAN-B. COLBERT.

57. 3/4 à g., lithographie ; au bas, *Colbert.*

58. 3/4 à g., *ovale;* h. 129, 1. 86 *m.*; sur la tab. les vers du n° 38.

J.-B. COLBERT in-12, in-18 et en petit.

59. J. *Bertheram* fec., 3/4 à g.

60. Procédé de A. *Collas*, profil à dr.

61. J.-M. *Fontaine* , le même avec ornements in-8 , le même avec texte in-4.

J.-B. COLBERT debout.

62. *Gantrel* ex. en Hercule portant le monde sur ses épaules.

63. *Sergent* del. 1788, *Morret* sculp. in-fol , avec texte.

64. Dessiné par *Chasselat*, gravé par *Geille*, in-4.

65. Dessiné par *Chasselat*, gravé par *Lacour-Lestudier*, in-4.

66. *Milhomme* sculp. , *Bein* sc. in-8.

67. *Copie* du précédent , lith. in-8 , au bas, *Colbert.*

68. *Milhomme* sc. in-8, n° 238.

J.-B. COLBERT assis ou avec divers.

69. 3/4 à g. dans un carré, avec allégories, in-fol. ; dans le haut 2 génies portent ses armes , au bas 6 vers.

Je vous offre l'histoire et profane et sacrée.

70. H^r *Baron* del., E. *Bernard* sc. in-4.

71. *Dumont* inv^t, C. *Normand* sc. in-8, salon de 1808.

72. *Raffet* del., *Pollet* sc. in-8.

73. Avec le cardinal de *Retz* dans la France pittoresque, in-18.

COLBERT (NIC.), évêque d'Auxerre, abbé de Leuroux , frère du précédent , né en 1627, nommé évêque de Luçon en 1661, transféré à Auxerre en 1671 , m. à Varzy le 5 sept. 1676.

1. A. *P. (Paillet)* del. ad viuum, Stephanus *Picart* Rom. sculpsit in-folio.

2. C. *Le Febre* pin., N. *Pitau* sculp. 1663 in-fol.

3. P. *Mignard* pinxit, P. *Landry* sculpsit 1666 in-fol.

4. Petrus *Mignar* pinxit, J. *Lenfant* sculpebat 1672, buste 3/4 nature : évêque d'Auxerre.

COLBERT (CHAR.), chev., marquis de Croissy, ministre et secrétaire d'Etat, com. et grand trésorier des O. du Roi, frère des précédents, né en 1629, m. à Versailles le 28 juil. 1696. Il avait été présid. au conseil d'Alsace, au parlem. de Metz, à celui de Paris, maître des requêtes, intendant en Poitou, Picardie et à Paris, ambassadeur en Angleterre, à Aix-la-Chapelle, et plénipotentiaire au congrès de Nimègue.

1. H. *Gascar* pinxit, Ant. *Masson* sculp. 1681, in-fol. maj.

2. *De Larmessin* sculp. 1681 in-4.

3. J.-H. *Quiter* pinx. et excu. Noviomagi, in-fol.

4. Hiacintus *Rigaud* pinx., *Edelinck* sculp. 1691, in-fol.

5. J. *Jones* fecit in-8, publish'd july 14 1792 by c. *Lowndes*.

COLBERT (EDOUARD-FRANÇ.), comte de Maulevrier, seig. de Vendières, lieut.-gén., gouverneur de Tournay, frère des précédents, né à Reims, *Marne*, m. à Paris le 31 mai 1693.

1. P. *Simon* ping. et sculp. Buste comme nature.

2. *De Larmessin* sculpebat in-4.

COLBERT (ANDRÉ), docteur de Sorbonne, évêque d'Auxerre, chanoine de l'église de Reims, fils du président du sénat de cette ville, nommé évêque en 1676, obtint ses bulles en 1678, m. à Auxerre le 19 juil. 1704, âgé de 55 ans.

1. *Menard* pinxit, Step. *Gantrel* sculp. in-fol.

2. A. *Trouuain* sculpsit et excudit in-fol. major.

COLLIN-DANTON (JAC.-AUG.-SIMON), littérateur, imprimeur à Plancy, né le 28 jan. 1793 à Plancy-sur-Aube, *Aube*.

J.-J. *Eeckhout* pinx., F.-B. *Waanders* del., lith. in-4.

COLLIN DE SUSSY (J.-BAPT.), comte, grand off. de la Légion-d'Honneur, né le 1 jan. 1750 à Ste-Menehould, *Marne*, receveur des douanes en 1789, nommé préfet de la Drôme en 1800, de Seine-et-Marne la même année, conseiller d'Etat en 1801, membre et com. de la lég.-d'honn. en 1804, directeur gén. des douanes en 1805, créé comte en 1808, grand off. de la lég.-d'honneur en 1811, ministre du commerce et des manufactures en 1812, pair et président de la cour des comptes en 1815 pendant les Cent-Jours, éliminé de la chambre des pairs au retour de Louis XVIII, il y fut rappelé en 1819, m. à Paris le 7 juil. 1826.

Gravé par *Delannoy*, in-fol. en pied.

COPETTE (PONT.-FRANÇ.), docteur en théologie de la sacrée

faculté de Paris, membre des académies de Rome, Florence et Alexandrie, un des administrateurs du collège Louis-le-Grand, né à Rethel, *Ardennes*, le 28 nov. 1711, m. à Paris le 10 oct. 1781, inhumé dans la cathédrale dont il était chapelain.

1. *Cochin* fil. del. 1753, H. *Watelet* sculps. 1753 in-4.

2. *Cochin* filius del., C. H. *Watelet* iterùm sculp. 1764, in-4.

3. *Meon* delin., *Lempereur* sculp. 1772 in-4.

COQUEBERT (André), seig. du Grand-Montfort, conseiller du roi, lieut. particulier au présidial et lieut. des habitants de Reims pendant les années 1660-61-62-63-64 et 1665.

J. *Hélar* pinx. 1664, J. *Colin* sculp. Remis 1668, in-fol.

COQUEBERT (Claude), seig. d'Agny, lieut. des habitants de Reims en 1678-79 et 1680.

Phi. *Lallemant* remus pictor regis ad viuum pinxit, Je. *Colin* scul. Remis in-folio.

CORBERON (Nic. de), conseiller d'Etat, maître des requêtes, né en 1608 à Troyes, *Aube,* nommé membre du conseil souverain de Nancy en 1634, avocat gén. au parlement de Metz et conseiller d'Etat en 1636, et en 1644 intendant de justice, police et finances, dans les provinces de Saintonge , Angoumois, Aunis et de Limoges, m. le 19 mai 1650 ; il fut aussi bibliothécaire du roi à Fontainebleau.

CORBERON (Nic. de), 1ᵉʳ présid. au conseil souverain d'Alsace, neveu du précédent et fils de *Claude* de Corberon, naquit à Paris en 1653, nommé procureur gén. au parlement de Metz en 1684, 1ᵉʳ présid. au conseil souverain d'Alsace en 1700, conseiller d'Etat en 1723.

CORBERON (Nic. de), fils du précédent, né le 30 av. 1689 à Metz, *Moselle,* nommé procureur gén. au parlem. de Metz, en 17.., 1ᵉʳ présid. au conseil souverain d'Alsace en remplacement de son père en 1723, m. à Colmar le 1ᵉʳ av. 1729.

Desrochers f. Médaillon sur une feuille in-folio, avec ceux des deux précédents.

CORBON (Ant.), compositeur, metteur en page, sculpteur, rédacteur au journal l'*Atelier*, né le 23 déc. 1808 à Arbigny-sous-Varcnnes, *Hte-Marne*, dép. de la Seine à l'Ass. nat. de 1848.

1. J. *Jacott*, lith. In-fol.; col. *Delarue*.

2. Dessiné d'après nature par F. *Grénier*, lith. In-4, col. *Basset*.

CORVISART (Jean-Nic.), *Desmarets*, baron, off. de la Légion-d'Honneur, médecin, professeur au collège de France , membre de l'Institut, *Acad. des sciences*, né le 15 fév. 1775 à Dricourt, *Ardennes*, m. à Paris le 18 sept. 1821.

1. Ch. *B.*, lith. In-fol.
2. *Bazin* jne, i. Lith. de *Delpech*. In-fol.
3. Peint par *Gérard*, an 1809, gravé par *Blot*. In-fol.
4. Jules *Boilly*, 1822, lith. in-fol.
5. *Vigneron*, lith. in-fol.
6. H. *Garnier*, lith de *Ducarme*. In-4. Gal. nniv.
7. A. *M. (Maurin)*, lith. in-4.
8. *Gérard* pinx., *Roy* del. et sculp. In-4.
9. *Fauchery* del. in-8, publié par A.-J. *Denain*.
10. *Forestier* sculp. in-8, Ambroise *Tardieu* direxit.
11. *Gérard* pinx., *Frémy* del. et sculp. In-8.
12. Mme *Soyez* sc. in-8, au trait.
13. *Ovale* in-8. D. à g. Suite *Tardieu*.
14. J. *Boilly* del., *Geille* sc. in-8, avec *Petit*.
15. Avec *Lefèvre-Gineau* dans la *France* pittoresque. In-18.

COURTALON-DELAISTRE (JEAN-CHAR.), curé de Ste-Savine de Troyes, poète, biographe et historien de Troyes, associé libre de l'Acad. des sciences de Châlons, né le 21 juin 1735 à Dienville, *Aube*, m. à Troyes le 29 oct. 1786.

Lith. in-12, d'après le portrait peint par *Baudement*.

COUSIN (JEAN), peintre, sculpteur et graveur, né à Soucy, *Yonne*, m. en 1589 dans un âge fort avancé.

1. *Edelinck* scul., *Drevet* excud. In-fol.
2. Dessiné par T. *Leclerc*, gravé par *Petit*. In-fol. Copie peu exacte du précédent.
3. N. H. *Jacob* del., lith. in-4. Regarde. à dr.
4. Dans les Peintres de *Dargenville*. In-12. D. à g.

COUVREUX (ALFRED), banquier, maire de Langres, dép. de la Hte-Marne à l'Ass. nat. de 1848, né le 14 fév. 1811 à Langres, *Hte-Marne*.

Lith. d'après nature par Aug. *Lemoine*. In-4, col. *Basset*.

CRAPELET (CHAR.), littérateur, imprimeur à Paris, né le 13 nov. 1762 à Beaumont, *Hte-Marne*, m. à Paris le 19 oct. 1809.

Lith. de *Villain*. In-8, dans un ovale. D. à dr.

CUNIN-GRIDAINE (LAURENT), ministre de l'agriculture et du commerce, grand-off. de la Lég.-d'Honneur, dép. des Ardennes à diverses assemblées législatives, ancien fabricant de draps, né le 10 juillet 1778 à Sedan, *Ardennes*.

1. Dessiné par G. *Staal*. Lith. in-fol.

2. Chez *Rosselin*. Lith in-8.

3. *Sur bois*, 3/4 à dr. In-12.

4. C. J. T. *(Traviès)*. Lith. in-fol. PORTRAITS CHARGES, nº 5, *M. Cul-Nain gris-d'aise.*

5. H. *Daumier*. Lith. in-fol., en pied, caricature M. CUNIN-GRID....

CURIOT (ANT.), docteur et doyen de la Faculté de Reims, recteur de l'Université et curé de St-Jacques de cette ville, né en 1675 à Reims, *Marne*, m. à Reims le 23 juillet 1755.

Ovale in-fol., les noms autour, au bas 2 lig. lat.

D

DALBANE (ANNE *Le Bœuf*, veuve), surnommée *la mère* des pauvres, née le 20 juil. 1758 à La Chapelle-en-Blaisy, *Hte-Marne*, m. à Troyes le 22 fév. 1850. Elle consacra sa vie et sa fortune à des actes de charité et contribua à la fondation d'établissements religieux et charitables.

Arnaud del. 1829. Lith. de *Gallot*. In-fol.

DAMPIERRE (HENRI-DUVAL, comte de), gén. au service des empereurs *Rodolphe* II, *Mathias* et *Ferdinand* II, chambellan de *Mathias*, conseiller de guerre, gouverneur de la Moravie, né en 1580 à Hans, *Marne*, tué d'un coup de mousquet en 1620, devant Presbourg, en mettant le feu à un pétard.

1. W. *Kilian*. Ex. in-4. D. à dr. Au bas 6. lig. latines.

2. *Copie* à dr. In-4, h. 165 *m*. l. 128, les 6 lig. du nº 1 en 4 lig.

3. *Copie* à g. In-4, h. 152. *m*. l. 119, les 6 lig. du nº 1 en 4 lig.

4. *Ovale* à coins. In-4, h. 151 *m*. l. 119. D. à dr. Les titres en latin autour et répétés au bas en hollandais.

5. *Ovale*. In-8, h. 113 *m*. l. 100. D. à dr. Les titres en lat. autour.

6. E. *Kies*. Ex. in-4. A cheval. D. à g.

DAMPIERRE (CHAR.-ANT.-HENRI, baron *du Valck* de) évêque de Clermont, né le 18 août 1746 à Hans, *Marne*, sacré en 1802, m. à Clermont le 18 juin 1833.

1. Dess. p. *Quenedey*, gr. p. *Chrétien*, profil à dr. In-18. F. 90.

2. *Delorieux* delineavit, ex-natura, Clermont 1825. Lith. in-f.

3. *Delorieux*. Imp. lith. de *Thibaud-Landriot*. In-8.

DANRÉMONT (CH.-M. *Denys* de), comte, pair, lieut gén., gouverneur de l'Algérie, grand-off. de la Lég. d'Honneur, né le 8 fév. 1783 à Chaumont, *Hte-Marne*, tué le 12 oct. 1837, à 8 heures 1 2 du matin, par un boulet lancé de Constantine.

1. Fabrique de *Pelerin* à Metz, sur bois. In-fol.
2. *Bourgaret*, lith. In-4.
3. Lith. S. *Durié* et Cie, passage Dauphine, n° 7. In-4.
4. *Julien*, lith. In-4.
5. *Guérin* del., *Ramus* sculp. In-8, en pied.

DANTON (GEOR -JAC.), avocat, substitut du procureur de la commune de Paris, ministre de la justice, dép. de Paris à la Convention, né le 22 oct. 1759 à Arcis sur-Aube, *Aube*, décapité à Paris le samedi 5 av. 1794.

1. H. *Grevedon*, 1825, lith. de *Delpech*, In-fol.
2. *Levachez* sc. avec vignette par *Duplessi-Bertaux* et texte in-f.
3. *Julien* lith. avec texte in-4, *gal.* univ., reg. à dr.
4. *Julien* lith. in-4, *gal.* univ., publié par *Blaisot*.
5. Lith *ovale* in-4, reg. à g., h. 151 *m.* l. 119.
6. *Lordereau* édit., lith., regarde à g.

DANTON, *portraits* in-8.

7. *Bernard*, typ. *Lacrampe* et comp.
8. *Bertonnier* sc., publié par *Furne*, reg. à g.
9. Victoire *Bougy*, chez *Basset*, 3/4 à dr.
10. J.-L. *David* pinx. 1793, J. *Caron* del. et sc. 1841.
11. L.-A *Claessens* sculp.
12. *Eau forte*, vu à mi jambes, D. à g.
13. *Eau forte*, sans fonds, reg. à g., au bas : *Danton*.
14. *Geoffroy* sc., publié par *Furne*.
15. S. *J***t* 1823, lith. in-8.
16. *Jones* sculpt. aug^t. 16, 1794, ovale seul, 3/4 à dr.
17. *Lith.*, au bas 3 lig., regarde à g.
18. Paris, *Miné*, éditeur, lith.
19. J. *Philippe*, lith.
20. *Raffet* del., *Roberson* sc., octogone.
21. F. *Bonneville* del., *Sandoz* sculpt.
22. *Sur bois*, à mi-corps, D. à dr., h. 95 *m.* l. 72.
23. A Paris, chez *Villeneuve*, graveur, ovale seul, reg. à g.

DANTON, *portraits* in-12, in-18 et en petit.

24. I.-I.-M. F. *Anne*, sur bois, reg. à dr.
25. *Boze* pinxit, gravure, reg. à g., au bas : *Danton*.
26. Imp. lith. de *Delpech*, reg. à g.
27. J.-J. *Desaurens*, avec ornements. in-8 ou texte in-4.

28. *F...*, gravure, reg. à g., au bas : *Danton*.

29. *Bonneville* del., *Landon* direx., avec encadrement. In-8.

30. *Devéria* del., *Leclerc* sculp., *Couché* direx.

31. J. *Ligbert* sculp., ovale seul, reg. à g.

32. *Masson* sculp.

33. *Denon* del., Jules *Porreau* sc. 1854.

34. Portrait rébus dans un carré.

DANTON en pied.

35. Dans *Anquetil* et Léonard *Gallois*. In-4.

36. J.-J.-A. *Beauce*, in-4, sur bois, D. à dr.

37. J.-J.-A. *Beauce*, in-4, sur bois, au moment d'être guillotiné : *Tu montreras ma tête*, etc.

38. A. *Lacauchie*, lith. in-4.

39. *Emy* del , J. *Rebel*, gravure in-4.

40. A. *Lacauchie* del., *Roze* sc. In-4.

DAUTUN (AUG.-PIER.-CHAR.), âgé de 43 ans, né à Sedan, *Ar-*
dennes, assassiné à Paris par son frère le 8 nov. 1814.

1. Dessiné à la morgue, *eau forte*, in-12, au bas, 4 lig.

2. *Profil* à g., ovale sans fonds, in-12, sur la tab. 2 lig.

3. *Profil* à g , ovale sans fonds, in-12, au bas 4 lig.

DAUTUN (CHAR.), frère et assassin du précédent et de *Jeanne-*
Marie Dautun, femme Vaume, sa tante, ancien aide-major au 112e
régim., lieutenant au régim. de *Monsieur* infanterie, âgé de 35
ans, né à Sedan, *Ardennes*, condamné à mort par la cour d'as-
sises de la Seine le 25 fév. 1815.

1. A Paris, chez *Genty*, in-fol. avec *vignette* où il est représenté
coupant son frère par morceaux.

2. A Paris, chez *Genty*, in-4, la vignette supprimée.

3. *Profil* à dr., eau forte sans fonds, in-12, au bas, 4 lig.

4. *Profil* à g., ovale in-12, au bas : DAUTUN.

5. *Profil* à g., eau forte sans fonds, in-12, au bas, 3 lig.

6 *Profil* à g., eau forte sans fonds, in-12, au bas, 4 lig.

7. 3/4 à g.. *ovale* sans fonds, in-12, sur la tab., 4 lig.

8. *Gravure* in-18, au bas 4 lig., regarde à dr.

9. Avec *Girouard*, sur une feuille in-4, D. à dr, au bas, 4 lig.

DECRÉS (DENIS), duc, pair, vice-amiral, ministre de la marine,
grand cordon de la Lég. d'honneur et grand off. de l'Empire, né
le 18 juin 1761 à Châteauvillain, *Haute-Marne*, m. à Paris le 7
déc. 1820, victime de son valet de chambre qui fut guillotiné.

1. *Gravure* in-4.. D. à dr , au-dessous un combat, *Decrès* porte une remorque au vaisseau le Glorieux.

2. Mme *Lesuire* del. (1613), *Lenvin* sculpt. In-8.

3. *Llanta* lith. Paul *Petit*, Paris. In-8.

DEFRANCE (J^n-MAR.-ANT.), comte, lieut.-gén., grand offi. de la lég.-d'honneur, com. de St-Louis, né le 21 sept. 1771 à Vassy, *Haute-Marne*, m. à Epinay le 6 juil. 1835.

Llanta lith. Paul *Petit*, Paris. In-8.

DE LA CAILLE, V. LA CAILLE.

DE LA CROIX (EDMOND), docteur en théologie de la faculté de Paris, abbé gén. de l'O. de Citeaux, né à Troyes, *Aube*, nommé abbé gén. en 1586, étant prieur de Belle-Aigue, m. dans le prieuré de Nazareth à Barcelonne le 21 août 1604.

N., portrait indiqué dans *Le Long*.

DE LA FOREST (PIER.-CLAUDE), poète latin et français, chanoine régulier de Ste-Geneviève, prieur de St-Nicolas de Troyes, amateur de peinture, né en 16.., m. en 1712.

Delineabat Ludovicus *Herluyson* trecensis, *Sorin* sculp. In-fol.

DE LALOT (CHAR.-LOUIS vicomte), né en 1772 à Châlons-sur-Marne, *Marne*, m. à Dormans, en juin 1843.

Antonin M^e *(moine)*. Lith. in-fol.

DELAPORTE (JEAN-LOUIS), ancien pharmacien, membre du du conseil gén. de l'Aube, dép. de ce dép. à l'Ass. nat. de 1848, né le 28 nov. 1796 à Troyes, *Aube*.

1. *Courtois*, lith. in-fol., coll. *Delarue*.

2. Lith. d'après nature par Marin *Lavigne*. In-4, coll. *Basset*.

DELAUNAY (MARIE-OLYMPE *Millot* femme de M.), astronome, membre de l'Institut, née le 26 juil. 1820 à Troyes, *Aube*, m. à Paris le 6 juillet 1849.

A. D. *Bourgeois* ; assise les mains appuyées l'une sur l'autre. D. à g., dans un ovale formé par le fonds, h. 106 *m*. l. 82.

DE LA VEAUX (JEAN-CHAR.-THIBAULT), homme de lettres, né le 19 nov. 1749 à Troyes, *Aube*, m. à Paris le 15 mars 1827.

Schado del., *Geyser* sc., profil à g. In-18, au bas, 4 vers :.
Si l'auteur que ton œil contemple.

DELISLE (CLAUDE), géographe et historien, né le 5 nov. 1644 à Vaucouleurs, *Meuse*, m. à Paris le 2 mai 1720.

1. P. C *Q.* f. in-4 ; au bas, 2 lig. et 7 vers.

2. *N.* pinx., *Landon* direx. In-18, avec encadrement in-8.

DEMERSON (ANNE), dame *Bonnard*, actrice des Français, née

le 18 av. 1791 à Marbéville, *Haute-Marne*, débute en 1810, retirée en 1830.

1. Paul *L. (Legrand)*, gravure in-4.

2. *Vigneron* del., lith. de C. *Motte*, in-4. D. à dr.

3. A. *Colin* lith. in fol., en pied, rôle de *Lisette*.

DERODÉ (L.-EMILE), avocat à Reims, membre du conseil gén. de la Marne, dép. de ce dépt. à l'ass. nat. de 1848, né le 20 mai 1812 à Reims, *Marne*.

1. Lith. d'après nature par E. *David* in-4, col. *Basset*.

DE RUETZ (CLAUDE), peintre d'histoire, peintre du duc de Lorraine, chev. du Christ et de St-Michel, né à Châlons-sur-Marne, *Marne*, m. à Nancy en 1660, âgé de 72 ans.

1 Jacques *Callot* fecit à Nancy 1632 in-fol, en pied avec son fils.

2. Buste sous cintre avec divers artistes, eau forte in-8.

DESESCOUTES (THOM.-Jos.), tanneur et marchand de bois à Coulommiers, dép. du tiers état du baillage de Meaux à l'ass. nat. de 1789, né le 12 fév. 1736 à Coulommiers, *Seine-et-Marne*, m. à Coulommiers le 5 déc. 1791.

1. *Dessin* in-8 à la B. I., N f. 62 b.

2. *Turlure* del., *Texier* sc. in-8, coll. *Dejabin*.

DESESSARTS (DENIS *Dechanet* dit), artiste du Théâtre-Français, ancien procureur, né le 23 nov. 1737 à Langres, *Hte-Marne*, débute le 4 août 1772, reçu le 1ᵉʳ av. 1773, m. subitement à Barèges en 1793, en apprenant l'arrestation de ses camarades.

1. A Paris, chez *Bligny*, gravure in-fol.

2. *Ingouf* l'aîné del., N. *Thomas* sculp. in-fol.

3. *Profil* à g. dans un carré in-8 au bas 3 lig. h. 114 l. 75 m.

4. *Profil* à dr. dans un ovale sans fonds in-18.

5. Dessiné par *Cœuré*, gravé par *Prudhon* in-fol. en pied.

6. *Profil* à dr. in-4 en pied : *le républicain Désessarts.*

7. Le nᵒ 6. au bas : DÉSESSARTS *comédien ordinaire du roi.*

8. *D. P. Bertaux* del., *Janinet* sculp. In-8 en pied, rôle de *Lisimon* dans le Glorieux.

DESESSARTZ (JEAN-CHAR.), médecin, doyen de la faculté de médecine de Paris, membre de l'institut, né le 29 oct. 1729 à Bragelogne, *Aube*, m. à Paris le 12 av. 1811.

Mᵐᵉ *Lamontagne* del. 1806, sol. *Lieutaud* sc. 1853, in-4.

DESMARETZ (RIC.), géologiste, membre de l'institut (acad. des sciences) et de la société royale d'agriculture, ancien inspecteur gén. des manufactures et professeur d'histoire naturelle aux écoles centrales de Paris, né le 16 sept. 1725 à Soulaines, *Aube*, m. à Paris le 28 sept. 1815.

Gravé par Ambroise *Tardieu* d'après le dessin original.

DESMOUSSEAUX (FÉLICITÉ-AUGUSTE *Saillot* dit), artiste des Français, né en nov. 1785 dans le dép. de la Marne (biog. des hommes du jour) débute en 1812, retiré en 1841, m. à Passy, rue de l'église nº 56, le 9 août 1854.

A. *Colin*, lith. in-fol. en pied, rôle de *Roscius*.

DESPENCE (CLAUDE-TORGNEL), célèbre théologien et prédicateur né en 1511 à Châlons-sur-Marne, *Marne*, envoyé au concile de Trente en 1547, aux Etats d'Orléans en 1560, au colloque de Poissy en 1561, m. à Paris le 5 oct. 1571, enterré dans l'église St-Côme.

1. *Dessin* in-fol. à la B. I. coll. Uxelles T. XI p. 148.

2. *En petit*, dans la *chronologie* collée, nº 59, D. à dr.

3. *En petit*, copie du nº 2, nº 59, D. à g.

DESPÉRIERS (BONAV.), poète et littérateur, valet de chambre de *Marguerite*, reine de Navarre, sœur de *François* Iᵉʳ, né sur la fin du 15ᵉ siècle à Bar-sur-Aube, *Aube*, se perça de son épée dans un accès de fièvre en 1544, il en mourut.

Gravure in-8, en pied, costume nº 148.

DESPORTES (FRANÇ.), peintre de portraits et d'animaux, plus connu sous cette dernière dénomination, membre de l'acad. de peinture et sculpture, né en 1661 au bourg de Champigneul, *Ardennes*, m. à Paris le 20 av. 1743 dans son logement aux galeries du Louvre.

1. *Desportes* F. 1699, *Joullain* sc. 1733 in-fol.

2. *Montigneul*, sur bois in-4, dans Ch. *Blanc*.

3. E. *Lorsay* del., *Tamisier* sc. in-4 sur bois, copie du nº 1.

4. Dans l'histoire des peintres de *Dargenville*, in-12.

5. Au trait D. à g. dans un ovale sans fonds, in-18, au bas : *Francis.* DESPORTES | *natus anno 1661 denat. 1743.*

DEVAUX (R P. PETRUS), gallus remus et provinciæ campaniæ in generalem electus Lugduni anno 1758. gén. des minimes m. au commencement de 1776.

A. *Zaballi* fe. in-fol. avec le texte latin décrit.

DIDEROT (DENIS), écrivain philosophe du 18ᵉ siècle, membre de diverses académies, né en 1713 à Langres, *Hte-Marne*, m. à Paris, rue Richelieu, le 31 juil. 1784.

Portraits in-folio.

1. Peint par L. M. *Vanloo*, gravé par P. M. *Alix*.

2. Peint par L. M. *Vanloo*, gravé par *David*.

3. Peint par L. M. *Vanloo*, gravé par B. L. *Henriquez*.

4. *Maurin* lith. de *Delpech*.

5. *Normand* fils del. et sc. avec texte, *grands hommes français*

6. V. *Quélin* lith. buste au-dessus du dép. de la Hte-Marne, publié par *Corbin* à Tours.

DIDEROT, *portraits in-4*.

7. J. B. *Greuze* delin., *Benoît* sculp.

8. Dessiné par C. N. *Cochin*, gravé par L. J. *Cathelin*.

9. *Garand* deli., *Chenu* sculp.

10. M. *Delaporte* lith. in-4, *gal.* universelle.

11. J. B. *Greuze* delin. *Duhamel* sculp.

12. Peint par *Greuze*, gravé par *Dupin* fils.

13. H. *Grevedon* d'après *Greuze*, lith. de *Demanne*.

14. *Binet* del., *Lebeau* sculp. profil à dr.

15. Profil à dr. ovale sans fonds sur la tab. DIDEROT.

16. Profil à d. eau forte in-4, sur un papier 6 vers :

Indulgent aux humains, à soi-même sévère.

17. *Ryder* sc., profil à g. ovale avec guirlandes.

18. J. B. *Greuze* delin., Augustin de *St-Aubin* sculp. 1766.

DIDEROT, *portraits* in-8.

19. Mme *Terbouche* pinx. 1823, *Bertonnier* sculp.

20. F. *Bonneville* del., J. B. *Compagnie* sculp.

21. *Devéria* del., *Dequevauviller* sculp.

22 *Aubry* del., J. B. M. *Dupréel* sc.

23. *Eau forte*, tête D. à droite.

24. J. B. *Greuze* delin., C. S. *Gaucher* inc.

25. F. *Lardy* sculp, profil à dr.

26. M. *(Maurin)* lith. de *Delpech* profil à g.

27. *Profil* à dr. dans un cercle, les noms en dedans et à rebours, avec le n° 61.

28. *Profil* à g. dans un ovale à coins, pour un Lavater, les chairs au point, les coins en tailles.

29. Dessiné par *Vanloo*, gravé par Ambroise *Tardieu*.

DIDEROT, *portraits* in-12, 12 et en petit.

30. F. *Borinet* sculp. regarde à dr.

31. Jac. *Chailly*, profil à dr., ovale seul.

32. *Goulu* sculp., dans un carré, reg. à dr., on le trouve sans le mot *Goulu* et sans le carré.

33. Gravé sur acier par *Hopwood* d'après *Vanloo*.

34. *Greuze* pinx., *Landon* direx. ou avec un encadrement in-8.

35. *Liebe* fec. Lipsiæ, la tête appuyée sur la main g.

36. L. M. *Vanloo* del., A. *St-Aubin* sculp.

37. *Sur bois*, reg. à dr., le même in-8, avec bordure gothique par *Lesestre*.

38. Edit. *Touquet*.

DIDEROT, assis.

39. Dessiné par Em. *Beranger*, gravé par *Prudhomme* in-4.

40. *Devéria* del., *Simonet* aîné sculp. in-8.

DIDEROT, avec divers personnages.

41. Avec *Etienne* dans la France pittoresque in-18.

42. Avec *Lavater*, *Ballard* sculp. in-8.

43. Avec 2 personnages pour un *Lavater*, profil à dr. in-4.

44. Avec *Barthelemy*, *Helvetius*, *Mably* et *Raynal*, les illustres français, in-fol. pl. 54.

45. Aug. *St-Aubin* delin. et sculp., in-fol. avec 15 auteurs de l'encyclopédie.

46. Avec 11 personnages, en petit sur une feuille in-8.

47. *Blanchard* sculp. en petit sur une feuille in-f. à 20.

48. Pour les mémoires historiques, il porte le n° 62.

DOMMARTIN (E. A. *cousin* de), gén de division d'artillerie, né le 26 mai 1768 à Dommartin-le-Franc, *Hte-Marne*, m. à Rosette en 1799 av. des blessures reçues au siège de Jaffa.

1. *Dutertre*. Profil à dr., gravure in-18.

2. *Forestier*. Sculp. in-8.

DORIEU (JEAN), président à la cour des aides, fils de *Nic. Dorieu*, écuyer, seig. de Grandpré, et de Marie *Le Bey*, m. avant 1675.

Nanteuil ad vinum faciebat 1660. In-fol.

DORMANS (JEAN de), archidiacre de Brie, évêque et comte de Beauvais, pair et chancelier de France, fils de *Jean* de Dormans, procureur au parlement de Paris, et d'*Antoinette* d'Escot, né à Dormans *Marne*, fut avocat au parlement, chancelier du duc de Normandie dauphin de Viennois, archidiacre et pénitencier de l'église de Sens, chanoine de l'église de Soissons, nommé évêque de Beauvais en 1360, garde-des-sceaux en 1361, créé cardinal en 1368, fonda en 1370 le collège des Dormans à Paris, rendit les sceaux en 1371, m. à Paris le 13 nov. 1373, enterré dans le chœur des Chartreux.

1. *Et pic. s.* in-4. Dans les Cardinaux de F. *Du Chesne.*

2. *En petit* avec fonds, suite des Chanceliers.

3. *Copie* sans fonds, suite des Chanceliers.

4. *Carré.* In-18. D. à dr. Au bas : *Jean de Dormans.*

DORMANS (GUIL. de), seig. de Dormans et de Silly, chancelier de France, frère du précédent, né à Dormans, *Marne*, fut avocat gén. au parlem. de Paris, chancelier de Normandie en 1361, puis du Dauphiné, conseiller du roi au grand conseil, premier maître des comptes, nommé chancelier de France en 1371, m. en fonctions le 11 juil. 1373 à Paris, enterré dans le chœur de l'église des Chartreux.

1. *Cintre,* avec fonds, suite des Chanceliers. D. à dr. In-32.

2. *Cintre,* copie sans fonds. D. à dr. In-32.

DORTAN (CHAR.-FRANÇ.-MARIE-JOS. comte de), né le 10 oct. 1741 à Auranville, *Haute-Marne*, dép. de la noblesse du bailliage de Dole à l'Ass. nat. de 1789, émigra après la session, rentré sous le consulat il se fixa à Dole où il est m. le 9 juin 1824.

1. *Perrin* del. in-8, *dessin* à la B. I., N f. 62 b.

2. *Perrin* del., *Courbe* sc. In-8, coll. *Dejabin.*

DRAPPIER (NIC.-CYRILLE-ALP.), notaire à Sedan, dép. des Ardennes à l'Ass. nat. de 1848, né le 5 fév. 1811 à Nouart, *Ardennes*.

Lith. d'après nature par Marin *Lavigne.* In-4, coll. *Basset.*

DRELINCOURT (CHAR.), ministre protestant, né le 10 juillet 1595 à Sedan, *Ardennes*, exerça d'abord le ministère à Charenton, en dernier lieu à Paris où il est m. le 3 nov. 1669.

1. (Suite de *Vander Aa*). In-fol., 3/4 à dr., h. 275 m. l. 169.

2. Fran. *Mazot* excud. In-fol. D. à dr., h. 249 m. l. 185.

3. W. *Vaillant* pin., L. *Visscher* sculi. In-4.

4. Jer. *Am.* Fe in-8. D. à dr.

5. Gravé par E. *Desrochers*, à Paris chés *Daumont.* In-8.

6. W. *Vaillant* delineavit, P. *Holstein* sculpsit. In-8.

7. *Moncornet* ex. *Ovale* seul. D. à dr. In-8.

8. A. *Nunzer* sc. In-8. D. à dr.

9. Dans un *ovale* in-8. D. à dr. Au bas 4 vers.

Par les discours d'un sage livre

10. Dans un *ovale* in-8, h. 165 m. l. 99. Sur la tab. 4 vers.

Quel autre peut mieux, ô mortel.

11. *Ovale* tronqué à g. et à dr. In-8. D. à g. Agé de 70 ans.

12. *Schonemann* sc. lip. In-8. Dans un *carré*. D. à g.

13. P. *Holsteyn* sculp. In-12. D. à dr.

14. *Copie* à g. in-12 du n° 3. Sur la tab. les mêmes vers.

15. Dans un *carré* in-18. D. à g. Au bas 2 lig. latines.

DREVELLE (Clau.-J.-Bapt.), vicaire de St-Jean, principal du collège de Troyes, né le 19 oct. 1765 à Troyes, *Aube*, m. à Troyes le 9 jan. 1826.

D'après *Resuer* par Joseph *Sountag*, Varsovie, de la lith. de *Letronne*. In-fol.

DROUET (J.-Bapt.), maître de postes à Ste-Menehould, dép. de la Marne à la Convention, aux 500 en l'an V, nommé sous-préfet à Ste-Menehould en 18.., député en 1815 pendant les Cent Jours, né le 8 jan. 1763, m. le 11 av. 1824 à Macon où il s'était retiré sous le nom de *Merger*.

1. Dessiné et gravé par *Naudé*. In-f. *Drouay* âgé de 29 ans.

2. A Paris chez l'*Auteuil*. Petit in-4.

3. A Paris chez *Lameud*. In-8.

4. *Raffet* del., *Robinson* sc. In-8.

DROUET (J.-Bapt.), comte d'Erlon, pair et maréchal de France, gouverneur gén. de l'Algérie, grand off. de la lég. d'honneur, né le 29 juil. 1765 à Reims, *Marne*, m. à Paris le 15 jan. 1844.

1. H. *Grevedon* 1828. Lith. in-fol.

2. *Torchet* 1844. Lith. in-fol.

3. A. *Maurin* 1844. Lith. in-8.

4. B. L. H. R., sur bois. In-8. D. à dr.

5. Sur bois. In-12. D. à g., h. 100 *m*. l. 70.

6. En petit, dans la France militaire.

7. J. C. Sur bois, statue in-8.

DU BARRY (M.-J. *Gomart de Vaubernier*, comtesse), maîtresse de Louis XV, née en 1744 à Vaucouleurs, *Meuse*, décapitée à Paris le 6 décembre 1793.

Portraits in-folio.

1. Peint par *Drouais*, gravé par *Beauvarlet*.

2. Zⁱⁿ *Belliard*. Lith.

3. Peint et gravé en couleur par J.-B.-A.-N. *Gautier-Dagoty* fils aîné.

4. H. *Grevedon*, 1830. Lith.

5. *Drouais* pinx^t. T. *Watson* fecit. Mme *de Barré*.

Mad. DU BARRY, *portraits* in-4.

6. A Paris chez *Esnault* et *Rapilly*, adresse remplacée par : chez *Duchaine* et chez *Bligny*.

7. *Marilly* del., *Lebeau* sculp., type *Beauvarlet*.

8. Gravé par *Oudaille, gal.* de Versailles, 2666.

9. Médaillon ovale avec guirlandes de fleurs. h. 164 *m.* l. 116. D. à g., reg. de face. Au bas 2 colombes dans un cartouche.

Mad. DU BARRY, *portraits* in-8.

10. Gravé par Louis *Bonnet* 1769.

11. F. *Bonneville* del., gravure. D. à g.

12. *Bovinet* sculp. D. à g.

13. R. *Cosway* pinx., J. *Condé* sculp. In-8.

14. Lith. de *Delpech.* In-8. D. à dr.

15. Printed sold by H. *Van Diasten*, in the Strand London 1775.

16. Peint par *Drouais*, gravé par Cʰ *Gaucher*.

17. *The countesse of barre*, copie à dr. du n° 16.

18. J.-G. *Joennicke* sculps.

19. L. *Legrand* sculp., avec guirlande de roses. Au bas 4 vers.

20. *Ovale* avec entourage de fleurs, type *Beauvarlet*. D. à g.

21. *Ovale* entouré de fleurs. Sur la tab. 2 lig., sur la marge 2 vers.

22. Gaspero *Peschiont* deli. e. scul., type *Beauvarlet*.

23. Sur bois, un éventail dans la main dr.; elle a un bouquet au sein. Reg. à droite.

Mad. DU BARRY, *portraits* in-12, 18 et en petit.

24. *Drouais* pinx., *Bertonnier* sc.; le même avec ornements, in-8; le même avec texte, in-4.

25. Copie du n° 6 dans un ovale, h. 119 *m.* l. 75. D à dr. Sur la tab. MADAME LA COMTESSE | DU BARRY.

26. Copie du n° 6 dans un ovale. h. 117 *m.* l. 72. D. à dr. Sur la tab. MADAME LA COMTESSE | DU BARRY.

27. Copie du n° 6 dans un ovale. h. 122 *m.* l. 76. D. à g. Sur la tab. teintée MADAME LA COMTESSE | DU BARRY.

28. Type du n° 19 dans un ovale. h. 119 *m.* l. 60. D. à g. Sur la tab. blanche MADAME LA COMTESSE | DU BARRY.

29. Type *Beauvarlet*, dans un ovale. h. 114 *m.* l. 70. Sur la tab. M. LA COMTESSE DU | BARY.

Mᵐᵉ DU BARRY en pied ou avec divers.

30. Lith. *Delarue.* In-fol.

31. E. *Charpentier* pinx.. sur bois In-8.

32. R. D., A. B. L. Sur bois. In-4. Avec la baronne de *Bouflers*,. Mme *de Graffigny*, Fr.-Marg. de Joncoux ; la Dame du Palais-Royal.

DUBOIS DE CRANCÉ (EDMOND-LOUIS-ALEXIS), chev. de St-Louis, ancien mousquetaire du roi, né le 24 oct. 1747 à Charleville, *Ardennes*, dép. du tiers-état de Vitry-le-Français, à l'Ass. nat. de 1789 , du départ. des Ardennes à la Convention, puis au conseil des Cinq-Cents, nommé maréchal de camp en 1791 , inspecteur général d'infanterie en 1798, ministre de la guerre en 1799, donna sa démission après le 18 brumaire, et se retira dans ses terres, m. à Rethel le 28 juin 1814.

1. Peint par *David*, gravé par *Miger*. In-fol.

2. *Legrand*, lith. in-4, *gal.* universelle.

3. F. *Bonneville* del. et sculp. In-8.

4. *Eau forte*, profil à g., au bas : *Dubois Crancé*.

5. Lith. *Formentin*, in-8, Paris, *Rosselin*.

6. *Moreau* del. in-8, *dessin* à la B. I. N f. 62.

7. *Moreau* del., *Le Tellier* sc. in-8, coll. *Dejabin*.

8. *Masson* sculp. profil à g. in-32, France militaire.

9. Dans un carré sans fonds in-18 avec le gén. *Willot*, *Tallien*, et *Fréron*, les titres en allemand.

DU CHATELET (PIER.), seigneur de Sorcy, évêque et comte de Toul, abbé de St-Martin de Metz, fils de *Jac.* du Chatelet, seig. de Châteauneuf et de *Françoise* de Beauvau, né en 1515 à Arc-en-Barrois, *Hte-Marne*, fut chanoine de l'église cathédrale de Toul, protonotaire du St-Siège, abbé de St-Martin de Metz en 1540, de St-Clément de Metz, grand chancelier de l'église de Remiremont, nommé évêque de Toul en 1565, m. à Nancy le 25 juin 1580, âgé de 64 ans, enterré dans la cathédrale de Toul.

1. P. W. B. (*Woeiriot*), 1578 in-4.

2. F. *Aveline* sculp in-f., à genoux dans *Calmet*, p 195

DUCHESNE (BLAISE), abbé de Ste-Geneviève, supérieur gén. des chanoines réguliers de la congrégation de France, élu en 1751, né en 1672 à Reims, *Marne*.

Peint par J. *Chevalier* en 1752, gravé par Réné *Gaillard* en 1753. In-fol.

DUHAN (CHAR.-GILLES), écrivain français, précepteur du grand Frédéric, membre de l'Académie de Berlin, conseiller privé et secrétaire d'état au départ. des affaires étrangères de Prusse, né le 14 mars 1685 à Jandun, *Ardennes*, m. à Berlin le 3 jan. 1746.

F. *Carlshs*, sc. in-18.

DUMOLINET (Claude), chanoine régulier et bibliothécaire de l'abbaye Ste-Geneviève à Paris, écrivain, numismate et archéologue, né en 1620 à Châlons-sur-Marne, *Marne*, m. le 2 sept. 1687 à Paris dans la maison de Ste-Geneviève.

Gravé par *Trouvain* 1689. In-fol.

DUMONT (Nic.), docteur en théologie, curé de Villers-devant-Lethour, né le 21 fév. 1732 à Reims, *Marne*, dép. du Clergé du bailliage de Vitry-le-Français à l'Ass. nat. de 1789, mort à Reims le 21 juillet 1806.

1. *Dessin* in-8 à la B. l., N f. 62 b.

2 *Labadye* del., *Guersant* sc. In-8, coll. *Dejabin*.

3. *Lefebvre* del. 1791, profil à g., gravure in-4.

DUPUIS-DELCOURT (Jean-Franç.), physicien, aéronaute, né le 25 mars 1802 à Berru, *Marne*.

En petit avec divers aéronautes sur une feuille in-fol.

DUSOMMERARD (Alexan.), conseiller maître à la cour des comptes, chev. de la lég.-d'honneur, savant antiquaire, membre de plusieurs sociétés savantes, né en 1779 à Bar-sur-Aube, *Aube*, m. à sa maison de campagne de St-Cloud le 19 août 1842.

1. Edmond *Dusommerard* 1842, lith. in-4, l'*Artiste*.

2. Emile *Lassalle*, 1842, lith. in-4, *gal.* de la Presse.

3. *Llanta*, lith. in-4, Biog. des Hommes du jour.

4. *Silhouette* profil à dr. in-18, *assis*, portrait chargé.

DUVAL (Valentin-Jameray), savant antiquaire, professeur d'histoire à l'acad. de Lunéville, bibliothécaire de *François-Etienne*, duc de Lorraine, empereur d'Autriche, né en 1695 à Artonay, *Yonne*, m. à Vienne en Autriche le 3 nov. 1775.

1. W. *Bock* sc 1783, in-8.

2. *Geille* sc. in-8, regarde à dr.

3. Ch.-Sébast, *Leither* fec., médaille et revers in-8.

4. V. *Petit* 1840, lith. in-8.

5. Gravé par *Delvaux* 1785, in-18.

Sa vie en 6 pièces par *Kleiner*.

DUVAL, V. Dampierre.

DUVALCK, V. Dampierre.

DUVET (Jean), orfèvre et graveur, né en 1485 à Langres, *Hte-Marne*, mort après 1564.

Profil à dr, tête nue, avec moustaches et barbe longues, assis à une table devant un livre ouvert; sur une tabl. à côté du livre, on lit : *Joh. Duvet aurifab. lingon. anno 70 has hist. perfecit 1555.*

DUVOISIN (J.-Bapt.), évêque de Nantes, aumônier de Napoléon, baron de l'empire, conseiller d'état, officier de la lég.-d'honneur, grand-croix de l'O. impérial de la réunion, né le 13 oct. 1744 à Langres, *Hte-Marne*, m. à Nantes le 9 juil. 1813.

1. Gravé par *Forestier*, petit in-fol.

2. Dessiné et gravé par *Chateigner* d'après le buste de *Debay* in-8.

E

ELISABETH de Jesus (la vén. mère), carmélite, élevée dans le couvent de Troyes fondé par *Jacques* Vignier, chev., marquis de Ricey, et *Marie* de Mesgrigny ses père et mère, fit profession à l'âge de 17 ans, m. en odeur de sainteté dans le couvent de ladite ville le 7 déc. 1698.

J. Henrison pinx., *J. Sarrabat* fecit in-fol.

EON DE BEAUMONT (Char.-Geneviève- Louise-Aug.-And.-Thimothée d'), chev. de St-Louis, avocat, censeur royal, guerrier, ambassadeur, littérateur et écrivain politique, né le 5 oct. 1728 sur la paroisse N.-D. à Tonnerre, *Yonne*, m à Londres le 1 mai 1810. Ce personnage, presque toujours habillé en femme, a vivement excité la curiosité publique vers la fin du 18ᵉ siècle sous le nom de *chevalière* d'Eon.

Chev. d'Eon en costume civil ou militaire.

1. *Huquier* pinx., *Burke* fec. In-fol.

2. Dans un *ovale* in-fol. D. à g. avec chapeau à 3 cornes, et des drapeaux à dr. et à g. du support.

3. *Vispré* pinx. et fec. in-fol. en manière noire.

4. Dessiné d'après nature et gravé par J.-B. *Bradel*, in-4.

5. *Desrais* del., *Lebeau* sculp. in-4, profil à g.

6. M. *Baader* del, C. F. *Letellier* sculp. In-4.

7. *Profil* à dr, in-4, en dragon, sur la tab. 7 lig.

8. *Robin de Montigny* fecit, profil à g. In-4.

9. pub. jan. 3, 1807, by james *Cundée*, London. In-8.

10. *Ovale* in-8, h. 143 *m*. l 89, typ. du n° 7, reg. à g, sur la tab. Madamoiselle de Beaumont | chevalier d'Eon.

Chev. d'Eon en femme, avec coiffe ou casque.

11. Dessiné et gravé par J.-B. *Bradel* in-fol.

12. Peint par *Ducreux*, gravé par *Cathelin* in-fol.

13. G. *Dance* R. A. del[t] may 26 1793 , Wm *Daniell* sculp[t] in-fol.

14. Angelica *Kauffman* pinx[t] After *Latour*, Francis *Haward* A. R. sculpsit in-fol.

15. Dessiné et gravé par J. *Condé* en Minerve in-4.

16. A Paris , chez *Esnauts* et *Rapilly* in-4.

17. M. *Baader* del., C. F. *Le Tellier* sculp. in-4.

18. *Profil* à g. in-4, h. 162 *m*. l. 114, sur la tab. 8 lig.

19. *Robin de Montigny* fecit, profil à dr. in-4.

20. *Robin de Montigny* fecit, profil à g. in-4.

21. Composé par J.-B. *Bradel*, etc., gravure in-8.

22. Dans un *carré* au point 3/4 à dr. in-8 , la croix de St-Louis attachée à dr.

23. R. *Cosway* R.-A., del. 1787, tho[s] *Chambars* sculp. in-8.

24. A Paris chez *Civil* in-8.

25. J. *Condé* del. et sculp. in-8.

26. Rob. *Cooper* sculp. grand in-8.

27. *Vaillant* del. , *Fritschius* sculp. in-8, profil à d.

28. *Copie* in-8 , même sens , sur la tab. 4 lig. françaises.

29. *Profil* à dr., ovale avec emblémes in-8, sur la tab. 6 lig.

30. *Profil* à g. sur la tablette 4 lig. italiennes.

31. N. *Pruneau* sculp. 1779 , in-8.

Chev. d'Eon en pied, en femme ou Pallas.

32. Published by *Conbeau* at Paris and by *Robindé* at London , assaut d'armes du 9 av. 1787 avec le chev. de *St-Georges*.

33. Publish'd march 20,1773 by S. *Hooper* in-fol.

34. In-fol. une épée à la main , dans la gravure à g. A *Policy 25 p. c[t]. | on the ch. d'Eon | man or Woman*.

Chev. d'Eon à cheval, en dragon.

35. *Robin de Montigny* fecit profil à d. in-fol.

Chev. d'Eon caricatures.

36. Lond. mag. sep[r]. 1777. en pied in-8, au bas : Mademoiselle *de* Beaumont , *or the |* Chevalier d'Eon *| female minister plenipo. capt. of dragoons etc. etc.*

37. N° 1. THE RAPE OF MIS DEON | FROM FRANCE te ENGLAND in-fol.

38. N° 2. A. *Deputation from Jonathan's and the free mason*, in-f.

39. N° 3. *The* Nuptials *of* mis Epicœne d'Eon , in-fol.

40. N° 4. *Don quixotes procession tho the installation july 25*, *1771* in-fol.

41. A FRENCH CAP^t *of* DRAGOONS *Brought etc.*, publish'd 1 sept. 1771, in-fol.

ÉRARD DE LISIGNES, cardinal, évêque d'Auxerre, fils de *Guillaume*, seig. de Villehardouin et de Lisignes, maréchal de Champagne et de *Marguerite* de Mello, né dans le diocèse de Langres, fut chanoine et doyen d'Auxerre, nommé évêque après *Guy* de Mello son oncle en 1272, créé cardinal en 1277, m. à Rome la même année.

1. Dans les cardinaux de F. *Du Chesne*. In-4.

2. *Copie* in-8. dans les cardinaux de l'abbé *Roy*. T. V.

ESTAGNIOL (NIC.-LOUIS comte d'), ancien capitaine de cavalerie, chev. de St-Louis, colonel commandant du corps des volontaires patriotes de Sedan, grand-bailli d'épée, lieut. des maréchaux de France, dép. de la noblesse du bailliage de Sedan à l'Ass. nat. de 1789, né le 8 mars 1741 à Sedan, *Ardennes*, m. à Glaire près Sedan vers 1820.

1. *Lambert* fecit in-4, *dessin* à la B. I, N f. 62 da.

2. *Lambert* del., *Roger* sc. In-4, coll. *Le Vachez*.

3. *Gros* del. in-8, *dessin* à la B. I, N f. 62 b.

4. *Gros* del., *Courbe* sc. In-8, coll. *Dejabin*.

ÉTIENNE, moine de Citeaux, cardinal, né à Châlons-sur-Marne, *Marne*, créé cardinal en 1140, m. le 1er fév. 1144.

Carré in-18, au bas : *Étienne de Châlons-sur-Marne*.

ÉTIENNE, roi d'Angleterre, V. CHAMPAGNE, p. 21.

ÉTIENNE (CHAR.-GUIL.), homme de lettres, écrivain dramatique, membre de l'Institut, député, pair de France, off. de la lég.-d'honneur, né le 5 juin 1775 à Chamouilley, *Hte-Marne*, m. à Paris le 13 mars 1845.

1. Jul. *Boilly* 1821, lith. in-fol.

2. Imp. litho. de Mlle *Formentin*. In-fol.

3. H. *Garnier*, lith. in-4, *gal.* universelle, D. à dr.

4. *Devéria* del., *Dequevauviller*, sc. In-8.

5. *Eau forte*, in-8, D. à g., au bas : ÉTIENNE.

6. A. *Maurin* lith. in-8, D. à g. *Rosselin* éditeur.

7. J. *L.* sur bois in-8, D. à dr. dans l'*Illustration*.

8. Dessiné d'après nature en 1822 et gravé par Ambroise *Tardieu*. in-8.

9. Avec *Diderot* dans la France pittoresque. In-18.

CARICATURES.

10. Gravure in-fol. oblong *jeu jeu jeune homme.*

11. Chez *Aubert,* lith. in-f. Melle ETIENNE JOCONDE.

12. C. J. *(Traviés),* lith. in-fol. M. STEPHANUS Nº 1.

13. H. *D. (Daumier),* lith. in-4, au bas ETIEN....

14. H. *Daumier,* lith. in-fol. en pied.

EUDES, comte de Chartres. V. CHAMPAGNE, p. 20.

EUDES, euesque d'Ostie. V. URBAIN II.

EVAIN (JUL.-LOUIS-AUG.), membre du conseil gén. des Ardennes, dép. de ce dépt. à l'ass. législative de 1849, né le 27 déc. 1818 à Mézières, *Ardennes.*

Lith. d'ap. nat. par *Lafosse* in-4, col. *Basset.*

F

FAILLY (PIER.-LOUIS comte de), vicomte de Vinay, etc., chev. de St-Louis, né le 13 sept. 1724 à Reims, *Marne*, dép. de la noblesse du bailliage de Vitry-le-Français à l'Ass. nat. de 1789.

1. *Dessin* in-4 par *Delaplace* à la B. I., N f. 62 da.

2. *Moreau* del. in-8, *dessin* à la B. I., N f. 62 b.

3. *Moreau* del., *Tessier* sc. in-8, coll. *Dejabin.*

FAROCHON (J.-J.), curé d'Ormoy-Villers, né en 1738 à Châlons-sur-Marne, *Marne*, dép. du clergé du bailliage de Crépy-en-Valois en l'Ass. nat. de 1789, cessa ses fonctions à la suppression des cultes, les reprit au concordat, m. à Ormoy en 1802.

1. *Dessin* in-4 à la B. I., N f. 62 da.

2. Dessin in-8 à la B. I., N f. 62 b.

3. *Perrin* del., *Letellier* sc. in-8, coll. *Dejabin.*

FAVART (LANCELOT), sieur de Richebourg, lieut. des habitants de Reims en 1672, 73 et 74, né à Reims *Marne.*

Colin feci. Remis in-fol. major.

FAVYER (NIC.), conseiller au parlement de Paris, né à Troyes, *Aube,* le 15 juin 1538.

Profil à dr. sur bois dans un ovale armorié de 115 *m.* de h. et 84 de l., dans chaque coin une couronne de feuilles de chêne, sur l'ovale : NICOL. FAVYER. PARIS. SENAT. NAT TRŒCIS. XV. IVN. AN. SAL. M. DXXXVIII. et sous l'écusson 1593.

FEVRE DE CAUMARTIN. V. LE FÈVRE.

FLAUBERT (ACHI.-CLÉOPHAS), chirurgien en chef de l'hôtel-Dieu de Rouen, membre associé de l'acad. de médecine, né en 1784 à Mézières, *Aube*, m. à Rouen en jan. 1846.

4

1. *Légal*, lith. in-fol.

2. A^te *Legrand*, lith. Paul *Petit* et Cie in-8.

FLEURY (Jean), curé d'Iges, Glaize et Villette, licencié en théologie de la Faculté de Paris, né à Sorbon, *Ardennes*, dép. du clergé de Sedan à l'Ass. nat. de 1789, mort en émigration.

1. *Dessin* in-8 à la B. I., N f. 62 b.

2. *Mulard* del., *Courbe* sculp. in-8. Coll. *Dejabin*.

FLEURY (Louis-Marie), chanoine honoraire et principal du collège de Troyes, né le 27 oct. 1758 à Sézanne, *Marne*, m. du choléra le 15 juin 1832 à Troyes.

H. *Walton* pinxit et del. lith. de *Walton* in-fol.

FLORIOT (Pier.), écrivain ascétique, curé de Lay, confesseur de Port-Royal, né à Langres, *Hte-Marne*, m. à Paris sur la paroisse St-Etienne-du-Mont, le 1 déc. 1691, âgé de 88 ans.

1. N. *Habert* ad vivum facieb. in-fol.

2. Gravé par E. *Desrochers* in-8. D. à g.

3. Genre d'*Habert* in-8. D. à dr., sur la tab. 4 vers latins.

4. *Ovale* in-12, D. à g., h. 135 *m.* l. 75, sur la tab. 3 lignes.

FOREST (Jean-Nic.), ancien avocat au parlement, notaire et maire de Charleville, chev. de la lég. d'honneur, né en 1749 à Reims, *Marne*, nommé maire en 1804, juge suppléant en 1811, dép. des Ardennes en 1815 pendant les Cent-Jours, m. à Charleville le 15 fév. 1827.

Couvelet del., A. *Bouillet* lith. in-4.

FOURNIER (—) sculpteur à Rome, né à Troyes, *Aube*.

Eau-forte dans un carré in-4. D. à g. à la B. I. aux sculpteurs, le texte manuscrit.

FRANÇOIS (Et.), curé doyen de Charleville, chanoine honoraire de la cathédrale de Reims, né le 6 juin 1766 à Jandun, *Ardennes*, m. à Charleville le 6 fév. 1843.

A. *Pelletier* lith. in-fol.

FRÉMIN (Ant.), secrétaire de la reine mère Marie de Médicis, lieut. des habitants de Reims ès années 1615, 16, etc., âgé de 55 ans, né à Reims, *Marne*.

Par N. *Régnesson* rémois in-4 avec 4 vers.

FROMENT (Jac.-Marie de), lieut.-col. d'infanterie, chev. de St-Louis, né le 5 jan. 1740 au Fays-Billot, *Haute-Marne*, dép. de la noblesse du bailliage de Langres à l'Ass. nat. de 1789, m. à Langres le 29 juin 1817.

1. *Delaplace* del., Mme *Cernelle* sculp. in-4, coll. *Le Vachez*.

2. *Gros* del. in-8, *dessin* à la B. I., N f. 62 b.

3. *Gros* del., *Courbe* sculp. in-8. Coll. *Dejabin*.

G

GADY (Nic.-Germain), 2ᵉ vicaire de St-Séverin, né le 4 juil. 1773 à Courgis, *Yonne*, m. à Paris le 7 jan. 1847.

Courtin del. lith. in-fol.

GAMBEY (Hen.-Prudence), fabricant d'instruments de mathématiques, membre du bureau des longitudes et de l'acad. des sciences, né le 8 oct. 1787 à Troyes, *Aube*, m. à Paris le 28 jan. 1847.

1. *Verden, Dargnet* sur bois in-18. D. à dr.

2. Dessiné par *Peupin*, sur bois in-18, dans les artisans illustres.

GASTEBOIS (Jean de), ecclésiastique, gentilhomme du pays de Langres, né sur la fin du 16ᵉ siècle.

1. Hexagone in-fol. D. à g.; au bas : *Joannes de Gastebois*.

2. Contrépreuve à la B. I., col. des abbés.

3. *Pelais* fe. in-fol.; au bas, 6 vers.

4. *Pelais* fecit in-4, médaille et revers.

5. *Pelais* fecit in-4, médaille et revers, différent.

GAUDARD (Dom.-Denis), bénédictin de St-Maur, prieur de la Chaise-Dieu, ensuite de St-Remy de Reims, assista en cette qualité au sacre de Louis XV, il m. le 9 oct. 1741 à l'abbaye du Bec où il s'était retiré.

En pied in-f.: au bas : HABILLEMENT | du grand prieur de l'abbaye de St-Remy et 6 lig.

GAUTHERIN (Pier.-Edme), baron, maréchal-de-camp, lieut. gén. honoraire, grand off. de la Lég.-d'honneur, né le 12 août 1770 à Troyes, *Aube*, m. à Troyes le 20 mars 1851.

Fichot del., *Savoye* lith. in-8.

GAUTHIER (Paul-Alexis), médecin, secrétaire d'une société médicale d'instruction à Paris, né en 1786 à Bar-sur-Seine, *Aube*, mort le 3 nov. 1811.

Dessiné par Pierre *Gauthier* son frère, W. V. *Senit* sculp. in-8.

GAUTHIER-STIRUM (Pier.-Jos.), frère du précédent.

Dessiné par lui-même, lith. in-4.

GAUTHIER (Martin-Pier.), architecte, ancien grand prix de Rome, membre de l'institut, *Acad. des Beaux-Arts*, chev. de la Lég.-d'honneur, né le 9 jan. 1790 à Troyes, *Aube*, m. à la prison de dettes à Paris le 19 mai 1855.

E. *D.* lith. in-8.

GAYOT (Nic.-Amédée), avocat, membre de la société d'Agriculture de Troyes, dép. de l'Aube à l'Ass. nat. de 1848, né le 2
juil. 1806 à Troyes, *Aube.*

1. Imp. *Koepplin* et c[ie] lith. in-fol., col. *Delarue.*

2. lith. d'après nature par Soulange *Teissier*, in-4, col. *Basset.*

GERAUDOT, V. Vienne.

GERBAIS (Jean), docteur en théologie de la Faculté de Paris,
de la maison et société de Sorbonne , professeur d'éloquence au
collège royal , né en 1629 à Espoye, *Marne*, m. à Paris au collège
de Reims le 13 av. 1699.

A Paris chez E. *Desrochers.* In-8.

GERDY (Pier.-Nic.), médecin, membre de l'Acad. impériale
de médecine et professeur à la Faculté de médecine de Paris,
chev. de la Lég.-d'honneur, né le 1er mai 1797 à Loches, *Aube*,
m. à Paris le 18 mars 1856.

1. *Maurin* d'après nature, lith. in-fol.

2. Lith. d'après nature par *Llanta*, in-4., col. *Basset.*

3. A. *Lacauchie*, lith. in-8.

GERSON (Jean *Charlier* dit), chanoine et chancelier de l'église
et université de Paris, curé de St-Jean-en-Grève, député au Concile de Constance, né le 14 déc. 1363 à Gerson, *Ardennes*, m. à
Lyon le 12 juil. 1429, inhumé dans l'église St-Paul.

1. Dessiné par *Goufourry*, lith. in-fol.

2. Genre d'*Habert* dans un carré in-f. D. à dr. ; au bas, 6 lig.

3. *Ovale* in-fol. h. 317 *m.* l. 189, reg. à dr.; on voit la main dr.;
sur la tab. 3 lig. lat.

4. *Ovale* in-fol., reg. à g.; sur la tab. 2 vers latins.

5. *Carré* in-4, à mi-corps, D. à dr. , au bas, 2 vers latins.

6. *Ovale* in-4 , reg. à dr., au bas, 7 lignes.

7. *Ovale* in-4, reg. à dr., composition du n° 8, h. 103 l. 141 *m.*

8. B. *Picart* delin. 1712, L. *Suruque* sculpt. in-4, reg, à g.

9. Dans *Thevet*, carré in-4, reg. à gauche.

10. *Van Merllen* fc. 1653 in-4, reg. à dr.

11. *Devéria* del., *Derly* sc. In-8.

12. Gravé par E. *Desrochers* in-8 , chez *Daumont.*

13. Magdalena *Masson* fecit. In-8.

14. (*Moncornet*) 1658, ovale in-8, D. à dr., les titres autour;
au bas, 7 lig.

15. *François* sc. in-12 , col. des Hommes utiles.

16. Dans *Opmeer* sur bois in-12 rond de 65 *m.*, reg. à dr.

17. *Ovale* au trait, in-12, h. 81, l. 65 *m.*, reg. à g.; au bas, *Gerson*.

18. Dans *Thevet*. In-12.

19. Dans un *carré* in-18, D. à g.; au bas 2 lig. latines.

20. B. *Picart* sc., *Landon* direx. in-18, avec encadrement in-8.

21. Dans Guil. *Rouillé* sur bois rond de 41 *m.*, reg. à g.

GERSON *portraits* en pied.

22. Lith. *Collon*, statue in-fol.

23. Sur bois, dans un *carré* in-fol., h. 223, l. 149 *m.* D. à dr.

24. Dans un *carré* in-4, D. à g.; au bas : ICON PEREGRINI.

25. Dessiné par *Jeanron*, gravé par *Nargeot*. In-4.

26. Dans un *carré* in-8, h. 138, l. 84 *m.* D. à g.; au bas, 3 lig. lat.

27. B. *Picart* inv., G. V. *Gouwen* sculp. in-8 oblong, assis.

28. *Lécurieux* del.; *Thompson*, sur bois in-8.

GÉRY (ANDRÉ-GUIL. DE), abbé de Ste-Geneviève et gén. des chanoines réguliers de la congrégation de France, membre de l'Acad. de Châlons-sur-Marne, avait été prieur de Soissons, St-Irénée de Lyon, de Toussaint et curé d'Epernay, né le 17 fév. 1727 à Reims, *Marne*, nommé abbé gén. en 1778, de nouveau en 1781, m. à Paris le 7 oct. 1786, inhumé dans l'abbaye.

Dessiné d'après nature et gravé par Maurice *Blot* 1780. In-fol.

GILLET (LOUIS) dit *Ferdinand*, maréchal-des-logis au régim. d'Artois, cavalerie, acquit une certaine célébrité en 1785-6, pour avoir délivré dans une forêt près d'Autun, une jeune fille que deux brigands avaient attachée à un arbre et se disposaient à violer. Cette action fut célébrée dans les journaux et les théâtres. L'Ass. nat. lui accorda en 1791 une pension de 700 fr. Né à Ste-Menehould, *Marne*, m. en 1795 à l'hôtel des Invalides.

1. Dessiné d'après nature par A. *Borel* le 13 fév. 1786, gravé par E. *Voysard*. In-fol.

2. *Desrais* del., *Dupin* sculpt. In-4.

3. Dessiné et gravé par Ch.-E. *Gaucher* 1786. In-4.

4. A. *Borel* del., E. *Voysard* sculpt. In-4.

Gravures représentant GILLET délivrant la jeune fille.

5. Dessiné par A. *Borel*, gravé par E. *Voysard*. In-fol.

6. Gravé par J.-G. *Wille* d'après le tableau de Pierre-Alexandre *Wille* son fils. In-fol.

GILLOT (CLAUDE), peintre et graveur, membre de l'Acad. de peinture et sculpture, né en 1673 à Langres, *Hte-Marne*, m. à

Paris le 7 mai 1722.

   C. *Gillot* pinx., J. *Aubert* sculp. In-fol.

GIRARDON (Franç.), sculpteur et architecte, chancelier et recteur de l'Acad. royale de peinture et sculpture, né le 16 mars 1626 à Troyes, *Aube*, m. à Paris le 1er sept. 1715.

   1. *Vivien* pinxit, *Drevet* sculp. In-fol.

   2. Contre-épreuve à la B. I., N a 66.

   3. Peint par Hyacinthe *Rigaud*, gravé par *Duchange*. in-fol.

   4. A.-L. *de La Live* sculp. In-fol.

   5. C.-P. *Marillier* del., N. *Ponce* sculpsit; avec texte in-f.

   6. P. *Dupin* sculp., in-8, col. *Odieuvre.*

   7. *Gal.*de Versailles 2488 in-8, pour prénom *Louis.*

   8. G.-S. *T.*, sur bois, in-8, 3/4 à dr.

   9. *Rigaud* pinx., *Talbaux* sc. In-8.

   10. Hyac. *Rigaux* pinx. *Landon* direx. In-18 ou in-8.

GIRAULT (S.), littérateur, né en 1552 à Langres, *Hte-Marne.*

   Quesnel pinx., Thomas *de Leu* sculp. 1600. In-12.

GLOUTIER (A.), administrateur du dép' du Bas-Rhin en 1791, chef du bureau du Comité de Salut public en 1794, administrateur gén. des finances de l'expédition d'Egypte, membre de cet institut, né à Ninville, *Hte-Marne*, m. à Gisch le 25 av. 1800.

   Dutertre, profil à dr., gravure in-18.

GODARD (Gérard), docteur en théologie, chanoine et penitencier de l'église de Reims, pourvu de la pénitencerie en 1704, né à Reims, *Marne*, m à Reims le 14 nov. 1718, âgé de 66 ans.

   Dans un *ovale* in-fol. D. à dr.; sur la tab. 6 lig.

GODINOT (Jean), docteur en théologie, chanoine de Reims, vicaire gén. de l'abbaye de St-Nicaise, né en 1661 à Reims, *Marne*, mort à Reims le 15 av. 1749.

   Durupt pinx., *Goulu* sculp. In-8.

GOMBERT (Martin), ancien notaire et jurisconsulte, dép. du tiers-état de Chaumont en Bassigny à l'Ass. nat. de 1789, né le 29 mars 1749 à Chaumont, *Haute-Marne*, m. à Réclancourt le 23 fév. 1833.

   Dessin in-8 à la B. I., N f. 62 b.

GONDY (Jean-Franç.-Paul de), damoiseau souverain de Commercy, prince d'Euville, cardinal archevêque de Paris, abbé de St-Denis en France, Buzay, Kimperlé, la Chaume, fils de *Philippe-Emmanuel* et de *Françoise-Marguerite* de Silly, né en oct. 1614 à Montmirail, *Marne*, nommé chanoine de N.-D. de Paris en 1627,

coadjuteur en 1643, archevêque de Corinthe en 1644, créé cardinal en 1652, archevêque de Paris en 1654, s'en démit en 1661,
m. le 24 août 1679 dans son abbaye de St-Denis.

Portraits in-folio.

1. *Humbelot* sculp. dans un ovale, D. à dr.
2. Ph. *Champagne* pinxit, Greg. *Huret* f⁞ D. à dr.
3. *Lafosse* lith. dirigé à dr.
4. A.-L. *de La Live* sculp. dirigé à g.
5. P. C. *(Champagne)* p., M. *Lasne* fe. 1646.
6. M. *Lasne* deline. et fecit, ovale D. à dr.
7. M. *L. (Lasne)* f. dirigé à g.
8. R. *Lochon* faciebat 1663, ovale de feuilles de Laurier, dirigé
à gauche.
9. *Maurin* lith. dirigé à g.
10. C. *Mellan* del. et s. dans un ovale D. à g.
11. Ph. *Champaigne* pinx. J. *Morin* scul., D. à d.
12. *Nantueil* faciebat 1650.
13. *Roussel* ex. cum priuil. regis, dans un carré D. à dr.
14. Dans un *ovale* D. à dr. avant ou avec *Roussel* excud.
15. S. *Bourdon* dellineauit, Æg. *Rousselet* sculpsit, oblong,
médaillon in-8 avec 2 cardinaux de sa famille.
16. *Champagne* pinxit, Æg. *Rousselet* sculpsit D. à d.
17. C. *Le Brun* inuentor, Ægidius *Rousselet* sculpsit.
18. N. *Loyre* pinxit, Ægidius *Rousselet* sculpsit D. à dr.
19. *Rousselet* sculp. dans un ovale D. à g.
20. P. *Van Schuppen* faciebat 1662, ovale D. à g.

J.-F.-P. DE GONDY, cardinal de *Retz*, portraits in-4.

21. L. *Barankiewicz* fecit lith. D. à dr.
22. A Paris, chez Daret 1652, L. *Boisseuin* D. à dr.
23. C. *Duflos* scupl. dirigé à dr.
24. N.-H. *Jacob* del. d'après S. *Bourdon* lith. ovale.
25. P. *de Jode* sculp. octogone D. à g.
26. Steph. *Picart* delin. et sculp. D. à g.

J.-F.-P. DE GONDY, cardinal de *Retz*, portraits in-8.

27. J. L. pinxit, *Aubert* sculp. coll *Odieuvre*.
28. B. et G. *(Barra et Gérard)* sur bois D. à dr.
29. A Paris, chez E. *Desrochers* D. à gauche.

30. Ch. *Chasselat* del., *Lambert* scul. D. à gauche.

31. L. *M. (Maurin)* lith. D. à dr.

32. *Devéria* del., *Migneret* sculp. D. à dr.

33. B. *Moncornet* excud. D. à dr.

34. B. *Moncornet* excudit D. à g.

35. *Ovale* D. à dr. avec 2 lignes latines. h. 131 *m.* l. 100.

36. *Ovale* avec emblémes. D. à d., 4 lig. sur la tab.

37. *Ovale* avec emblêmes, D. à g., 4 lig. sur la tab.

38. *Sichling* sc., gal. de Versailles 2288, D. à dr.

J.-F.-P. **de** GONDY, cardinal de *Retz*, in-12. 18 et en petit.

39. A. *Bannerman* sculp ovale seul. D. à g.

40. *Monnet* del., L. *Duval* sc. D. à dr.

41. Dans la *France* pittoresque. D. à g. avec *Colbert*.

42. *Van Schuppen* del., *Landon* direx. avec encadrement in-8.

43. *Ovale* D. à d., au bas ses noms et 4 lig.

44. *Ovale* à coins D. à dr., sur la tab. 3 lig. h. 124 l. 76 *m*.

45. *Profil* à dr. dans un rond, le *cardinal de Retz*.

46. S.-A. *(St-Aubin)* profil à droite.

47. *Thomassin* sculpsit, dirigé à g.

J.-F.-P. DE GONDY, cardinal de *Retz*, en pied.

48. Dessiné par *Chasselat*, gravé par *Lestudier-Lacour* in-4.

GOUNIOU DE S.-LÉGER (PAUL baron), lieut. gén., off. de la lég.-d'honneur, chev. de St-Louis, né le 16 déc. 1769 à Nogent-sur-Seine, *Aube*.

A^{te} *Legrand* lith. in-8.

GRANGIER V. LA GRANGE.

GRAPINET (B.-M.), prêtre, chanoine titulaire et secrétaire gén. de l'archevêché de Sens, fondateur des Ursulines de la Ste-Enfance de Jésus, né le 17 jan. 1797 à Louvières, *Hte-Marne*.

A. *de Bayalos* lith. in fol.

GRÉTERIN (THÉOD.), conseiller d'état, directeur gén. de l'administration des douanes et des contributions indirectes, grand off. de la lég. d'honneur, né le 12 nov. 1774 à Savigny-la-Forêt, *Ardennes*.

Bourgarel del., lith. in-8.

GRIGNON (PIER.-C^t), métallurgiste et antiquaire, inspecteur des mines de France, correspondant de l'académie des sciences, chev. de l'O. du Roi, né en 1723 à St-Dizier, *Hte-Marne*, m. à

Bourbonne-les-Bains le 2 août 1784.

Dessiné par A. *Pujos*, gravé par S. C. *Miger* in-fol.

GRILLET (Nic. de), évêque d'Uzès, né à Bray-sur-Seine, *Seine-et-Marne*, nommé évêque de Bazas en 1621, transféré à Uzès en 1634, m. à Uzès le 12 fév. 1660.

1. C. *Mellan* G. del. et s. ovale in-fol. d. à dr.

2. Dans *Odieuvre*, la planche réduite in-8, au bas, *Grillié*.

GROS (N.-J.), évêque de Versailles, ancien vicaire gén. de Paris, né le 7 oct. 1794 à Reims, *Marne*, nommé évêque de St-Dié en 1842, transféré à Versailles en mars 1844.

Marzocchi de Belluci pinx¹, Ch. *Desmadryl* sculp. in-f.

GROSLEY (Pier.-Jean), avocat au parlement, littérateur, membre de l'académie des incriptions et belles lettres, né le 18 nov. 1718 à Troyes, *Aube*, m. à Troyes le 4 nov. 1785.

1. *Baudemant* del. 1811, *Bovinet* sculpsit in-8.

2. *Arnaud* del., *Ulmer* sculp. in-8.

3. Dans un *carré* in-18.

4. *Ovale* in-18, h. 79 *m.*, l. 41, d. à dr. sur la tab. 3 lig.

GUÉRAPIN (Ant.), sieur de Vauréal, Belleval, etc., maître des comptes, chev. des O. du Roi, né à Vitry-le-François, *Marne*, m. le 1 fév. 1677.

R. *Lochon* ad viuum faciebat buste in-18, D. à g., sur la face du piédestal 4 vers.

On lui donne à bon droit la qualité de sage.

GUÉRARD (E.), auteur d'un mémoire sur l'antiquité de la civilisation, etc., né le 26 sept. 1792 à Provins, *Seine-et-Marne*, m. le 26 nov. 1822.

1. Lith. de C. *Motte* in-fol. D. à d.

2. Lithog. de C. *Motte* in-4. D. à d., au bas 4 vers.

De l'histoire et des lois sa jeunesse attentive.

GUICHARD (Aug.-Char.), ancien avocat au parlem. de Paris, à la cour de cassation et de la liste civile, écrivain sur la jurisprudence, né en 1760 à La Ferté-sous-Jouarre, *Seine-et-Marne*. m. à Passy en 1845.

Ambroise *Tardieu* direxit. In-8.

GUILLAUME de Bray, cardinal, doyen de N.-D. de Laon, archidiacre de Reims, mathématicien, jurisconsulte et poète, né à Bray, *Seine-et-Marne*, créé cardinal en 1262, m. à Oviette en 1282.

1. Dans l'histoire des cardinaux de F. *Du Chesne*. In-4.

2. L. *Tanty*, lith. in-4, vu de face.

3. Copie in-8, dans les cardinaux de l'abbé *Roy*, T. 4.

4. Dans un *carré* in-18, D. à g.; au bas : *Guillaume de Bray*.

GUYOT (Edme.-Philip.), notaire à Troyes, né le 31 oct. 1749 à Estissac, *Aube*, m. à Troyes le 26 mars 1823.

Dess. et gr. p. *Quenedey*, profil in-18, N. 78.

GUYOT DES HERBIERS (Cl.-Ant.) poète et littérateur, avocat à Paris, juge au tribunal civil du dép⁺ de la Seine, sous-chef de division au ministère de la justice, dép. de la Seine aux 500 en 1789, au corps législatif en 1799, né le 20 mai 1745 à Joinville, *Hte-Marne*, m.

Dess. p. *Fouquet* et gravé par *Chrétien*. In-18.

GUYOT de Lacour , général, V. Lacour.

H

HABENECH (F.), musicien-compositeur, professeur de violon et inspecteur gén. des études musicales au Conservatoire , chef d'orchestre à l'Opéra, fondateur de la société des concerts, chev. de la Lég.-d'honneur, né le 1ᵉʳ juin 1781 à Mézières, *Ardennes*, m. d'apoplexie à Paris le 8 fév. 1849.

1. Dessiné d'après nature et gravé par L. *Massard*. In-4.

2. Gravé d'après un dessin de *Debret*. In-8.

HACHETTE (Jean-Pier.-Nic.), géomètre, membre de l'Institut, professeur à la Faculté des sciences, né le 6 mai 1769 à Mézières, *Ardennes*, m. à Paris le 16 jan. 1834.

A. *Maurin* 1834, lith. in-fol.

HACHETTE DES PORTES (Henri), évêque de Glandèves, abbé de Vermand , né en 1712 à Reims, *Marne*, nommé évêque de Sidon en 1755, de Glandève en 1771, sorti de France en 1792, m. dans l'émigration.

Peint par G. *Mauperin*, gravé par J.-B. *Bradel*. In-fol.

HADOT (Marie-Adélaïde *Richard*, veuve *Barthelemy*), écrivain dramatique, née le 15 juin 1763 à Troyes, *Aube*, m. à Paris le 19 fév. 1821.

C. *Aubry* del., *Konig*. sc. In12-.

HARMAND D'ABANCOURT (Anne-Ét -Louis, vicomte), pair de France, président de la Cour des comptes, com. de la Lég.-d'honneur, né le 23 août 1774 à Châlons-sur-Marne, *Marne*, successivement auditeur au conseil d'Etat, sous-préfet de Savenay, préfet des Hautés-Alpes, du Puy-de-Dôme, de la Corrèze, des Ardennes et de l'Allier, maître des requêtes au conseil d'Etat, dép. des Ardennes de 1824 à 1831, nommé président à la Cour des comptes en 1829, com. de la Lég.-d'honneur en 1836, créé pair en 1837.

A^te *Legrand*, lith. *Prodhomme*. In-8.

HÉDOUIN DE PONS-LUDON (A.-L.), littérateur, né le 24 mai 1783 à Epernay, *Marne*.

1. Dess. et gr. par *Bouchardy*. In-18.

2. Publié par *Cordier* à Reims. Lith. in-4.

HENRION DE PENSEY (P.-PAUL-NIC.), premier président à la Cour de cassation, ministre de la justice en 1814, né le 28 mars 1742 à Treveray, *Meuse*, m. à Paris le 23 avril 1829.

1. Mme A. *Mezzara*, lith. in-fol.

2 Nap. *Thomas*, lith. in-4.

HENRIS-MARCILLY (CHAR.-LÉOP.), conseiller à la Cour d'appel de Dijon, né le 15 nov. 1761 à Bourmont, *Hte-Marne*, nommé juge au tribunal civil du dépt. de la Hte-Marne, en 1790, dép. de de ce dépt. à l'Ass. législative de 1791, conseiller à la Cour d'appel de Dijon en 1812, mis à la retraite en 1852.

Dess. p. *Fouquet*, gr. p. *Chrétien*, profil à dr. In-18.

HÉRARD (CHAR.), prêtre, ancien supérieur de l'Oratoire de Lyon, né le 29 sept. 1738 à Troyes, *Aube*, m. à Troyes le 22 déc. 1817.

Arnaud del., *Gabriel* sculp. In-4.

HERBIN (—), lieut. de dragons, entré au service dans les gardes-du-corps en 1692, réformé en 1740, nommé chev. de St-Louis en 1778, doté d'une gratification annuelle par Louis XV à qui il fut présenté par le prince de Montbarey, né à Dun en Clermontois, *Meuse*.

A Paris chez P^re *Laurent*. Profil à g. In-fol.

HERLUYSON (PIER.-GRÉG.), théologien et littérateur, bibliothécaire du dépt. de l'Aube, né le 4 nov. 1759 à Troyes, *Aube*, m. à St-Martin-ès-Vignes le 19 jan. 1811.

Petit de Villeneuve del., *Massard* sculp. In-8.

HOUDET (GUIL.-BENOIT), lieut.-gén. criminel du bailliage de Meaux, dép. du tiers-état de ce bailliage à l'Ass. nat. de 1789, nommé maire de Meaux en 1790, né en 1744 à Meaux, *Seine-et-Marne*, m. le 14 mars 1812 à l'hôtel-dieu de Château-Thierry.

1. *Perrin* del. in-8, *dessin* à la B. I., N f. 62 b.

2. *Perrin* del., *Courbe* sc. in-8, coll. *Dejabin*.

HUBERT (HENRI-RÉMY), vicaire gén. et chanoine de Troyes, bibliothécaire de la ville, chanoine honoraire de St-Denis, chev.

de la lég. d'honneur, né le 18 nov. 1760 à Châlons-sur-Marne, *Marne*, m. à Troyes le 24 jan. 1842.

Dess. au physionotrace et gravé par *Quenedey*, 1828. Profil à g. Ovale à coins in-12. Décoré de 4 croix.

HUES *li bergiers*, architecte de l'église de St-Nicaise de Reims, m. le samedi de Pâques 1261.

A. *Du Basty* del., *Pellée*. Lith. in-8, au trait.

HULOT (HENRI-LOUIS), vicaire gén. de l'archevêque de Reims, ancien curé d'Attigny, né le 13 mars 1757 à Faisseaux, *Ardennes*, m. à Reims le 1 sept. 1829.

Moulé après son décès. Lith. in-4.

HUMBERT (portrait d'après nature du s‹r› J-B.), compagnon horloger, natif de Langres, *Hte-Marne*, qui a monté le 2‹e› à l'assaut de la Bastille le mardi 14 juillet 1789.

Ovale de 2 branches de laurier. In-8. D. à dr. Avec le texte décrit.

HUOT DE GONCOURT (JEAN-ANT.), avocat, né le 15 avril 1753 à Bourmont, *Hte-Marne*, dép. du tiers-état du bailliage de Bassigny-en-Barrois à l'Ass. nat. de 1789, nommé magistrat de sûreté à Neufchâteau en 1803, il exerça ces fonctions jusqu'à la suppression de la charge en 1810; rentré dans la vie privée, Huot s'occupa d'horticulture, mort à Neufchâteau le 18 sept. 1832.

1. *Labadye* del. In-8, *dessin* à la B. I., N f. 62 b.

2. *Labadye* del., *Courbe* sc. In-8. Coll. *Dejabin*.

3. *Perrin* del., *Guersant* sc. In-8. Coll. *Dejabin*.

HUOT (PIER.-ANT.-VICTOR), ancien capitaine d'artillerie, chev. de la lég. d'honneur, décoré sur le champ de bataille de Wagram, fils du précédent, né le 29 juin 1783 à Bourmont, *Hte-Marne*, dép. des Vosges à l'Ass. nat. de 1848 et à la Législative en 1849.

1. A‹se› *Farcy*. Lith. in-fol. Coll. *Delarue*.

2. Lith. d'après nature par *Llanta*. In-4. Coll. *Basset*.

HUSSON (HENRI-MARIE), médecin à l'hôtel-Dieu de Paris et du collège *Louis*-le-Grand, membre de l'Académie de médecine, né en 1772 à Reims, *Marne*, mort à Paris le 13 av. 1853.

Guérin pinx, A. *B.* del. 1819. Lith. in-fol.

HURAULT (JOS.-ALEX.-BENJ.), curé de Broye, né le 14 jan. 1750 à Berzieux, *Marne*, dép. du clergé du bailliage de Sézanne à l'Ass. nat. de 1789.

1. *Duchemin* del., M‹lle› A. *Briceau* sculp. In-4. Coll. *Le Vachez*.

2. *Dessin* in-8 à la B. I., N f. 62 b.

3. *Labadye* del., *Courbe* sc. In-8. Coll. *Dejabin*.

HURÉ (Char.), acolythe de Sens, principal du collège de Boncourt à Paris, professeur émérite à l'Université, écrivain ascétique, né le 7 nov. 1639 à Champigny-sur-Yonne, *Yonne*, m. à Paris au collège de Boncourt le 12 nov. 1717.

1. N. *V.* diacon. Rothom. delineavit. In-fol. D. à dr.

2. A Paris chez E. *Desrochers*. In-8. D. à g.

3. Chez *Leüllier*. In-8. Dirigé à dr.

4. Dans un *ovale* in-18. D. à dr. Sur la tablette 4 lig.

J

JACQUELIN (Franç.), ancien chef de bataillon au 95ᵉ de ligne, com. la place de Grenoble pendant les cent jours, off. de la Lég.-d'honneur, né en 1772 à Ville-sur-Arce, *Aube*, m. à Bar-sur-Seine en 1850.

Lith. E. *Caffé*, in-18, à l'âge de 40 ans.

JACQUELOT (Isaac), écrivain, theologien et prédicateur calviniste, né le 16 déc. 1647 à Vassy, *Hte-Marne*, quitta la France à la révocation de l'édit de Nantes, se rendit à Heidelberg et de là à La Haye, il fut appelé en 1702 à Berlin par le roi de Prusse, nommé ministre de l'église française, m. à Berlin le 20 sept. 1708.

J.-B. *Picart* sculp. 1715. In-8.

JACQUEMARD (Claude), curé de Brissarthe, né le 1ᵉʳ avril 1739 à Vaucouleurs, *Meuse*, dép. du clergé de la sénéchaussée d'Angers à l'Ass. nat. de 1789.

1. *Labadye* del. in-8, *dessin* à la B. I., N f. 62 c.

2. *Labadye* del., *Courbe* sculp. In-8, coll. *Dejabin*.

JACQUIER (Franç. de Paule), religieux minime, géomètre, professeur d'écriture sainte, de physique expérimentale et de mathématiques à la Sapience à Rome, né en 1711 à Vitry-sur-Marne, *Marne*, m. à Rome le 3 juil. 1783.

1. Dessiné à Rome par C. N. *Cochin* en 1750, gravé par B. A. *Nicollet*. in-4.

2. F. G. *Scotin* l'ainé sculp. In-4.

3. C. *Tinti* f. in-8, profil à dr.

JACQUIN (J.-B.), né à Mussey près Joinville, *Hte-Marne*, mort à Paris le 5 janv. 1826, à 62 ans.

Drouin del. 1815, lith. in-fol.

JACQUINET DROUET (Nic.-Pier.-Maurice), capitaine-adjoint à l'état-major de la légion de Reims, né le 25 jan. 1773 à Villers-aux-Corneilles , *Marne*.

Imp. *Lemercier*, *Bénard* et c^{ie}, lith. in-fol.

JAILLANT-DESCHAINETS (ANT.-FRANÇ.), un des bienfaiteurs de la ville de Troyes, né le 2 déc. 1776 à Troyes, *Aube*, m. à Paris le 16 jan. 1851.

Buste, lithographie in-8.

JAJOT (CANDIDE-JULIEN), né en 1758 à Reims, *Marne*, m. à Paris le 11 avril 1824.

Meyer f¹, lith de C. *Constans*, in-fol.

JANNY (NOEL-CLAU.), ancien avocat, né le 24 déc. 1733 à Brienne, *Aube*, dép. du tiers-état du bailliage de Chaumont-en-Bassigny à l'Ass. nat. de 1789.

1. *Labadye* del. in-8, *dessin* à la B. I., N f. 62 c.

2. *Labadye* del., *Voyez* sculp. In-8, coll. *Dejabin*.

JASU (CLAUDE), médecin, né en 1548 à Sens, *Yonne*.

P. W. B. *(Woeiriot)*, gravure in-12.

JEAN DE MONTMIREL (le bienheureux), après avoir servi sous *Philippe-Auguste*, se fit religieux en 1212 dans l'abbaye de Longpont, O. St-Bernard, il m. le 29 sept. 1217 en opinion de sainteté.

A. *Lochon* faciebat 1656, In fol.

JEAN DE ST-SANSON, carme réformé de la province de Touraine, né à Sens, *Yonne*, mort en odeur de sainteté au couvent des Carmes à Rennes le 14 sept. 1636, âgé de 65 ans.

1. Corn. *Galle* junior sculpsit. In-fol.

2. Corn. *Galle* j. sculp. In-fol, ANNO ÆT. 65.

3. *Landry* fecit in-fol.

4. *Gravure* in-4. D. à dr.; au bas, 4 lignes.

5. R. *Collin* fecit, Bruxel., Grand in-8.

6. Genre de *Mellan*, ovale in-8, D. à dr., avec 4 lig.

JEANNE D'ARC ou *du Lys*, surnommée *la Pucelle d'Orléans*, héroïne célèbre par son courage et sa fin malheureuse, née en 1410 à Domrémy-la-Pucelle, *Vosges*, brûlée vive à Rouen par les Anglais le 31 mai 1431.

Portraits in-folio.

1. A. O. *(Oudet)* 1820, lith. de G. *Engelmann.*, D. à g.

2. Zⁱⁿ *Belliard* lith.

3. Par *Carrée* in-fol. major, dessin de *Guérin*, d'après la statue exécutée par *Gois* fils.

4. C. D. *(David)* sculp ; au bas, 12 vers.

Lorsque cette jeune pucelle

5. N. H. *Jacob* del. lith. ovale , D. à dr.

6. A^te *Lambert* inv. et del., lith. in-fol. major.

7. Dessiné par Mlle A. *Prieur*, lith. Cabinet A. *Lenoir*.

Jeanne d'Arc, portraits in-4.

8. *Beisson* sculp. dirigée à gauche.

9. Dans un *carré* sans fonds, sur bois , D, à g.; au bas, 3 lig.

10. Edward *Corbould*, H. *Cook*, gravure.

11. Peint par *Schnetz* , gravé par *Delannoy*.

12. F. M. *Queverdo* del., *Delattre* sculp.

13. L. *Desmarets* , lith.

14. A. *Devéria* 1824, lith.

15. *Devéria*. lith., un peu plus grande.

16. Lith. de G. *Engelmann*.

17. Imp. lith. de Mlle *Formentin*.

18. *Baron* del., H. *Gaille* sculp.

19. W. N. *Gardiner* sc.

20. L. *Gaultier* sculp. D. à g.

21. Gravé par *Goby* dans une couronne de laurier.

22. *Hesse* del., d'après *Isabey* lith., regarde à dr.

23. Jean *Leclerc* le jeune, f. 1612.

24. B. *Moncornet* excudit. D. à g.

25. *Profil* à d. dans un ovale, les noms en latin sur l'ovale et répétés au bas en hollandais, h. 159 *m.* l. 126.

26. *Sergent* del. et sculp. 1787, regarde à g.

27. Dans *Thevet*, profil à gauche.

28. Gravé par N. J. *Voyez*, D. à d., à Paris chez *Lenoir*.

Jeanne d'Arc portrait in-8.

29. Dans un *carré* D. à g., sur la marge 4 lig. françaises

30. R. *Cooper* sculpt.

31. *Vauzelles* del., *Couché* fils sculp.

32. Lith. de *Delpech* à Paris. D. à dr.

33. R... *Delvaux* fecit, 3/4 à droite.

34. N. pinx. A *Demarcenay* sculp. 1769. D. à g.

35. *Copie* du n° 34 , au bas dans la gravure 3 lig.

36. *Desrochers* fecit, regarde à g.

37. Lith. de *Engelmann*, oblong.

38. *Devéria* del., J. M. *Fontaine* sc. D. à g.

39. Publié par *Furne*, imp^e *Chardon* aîné et fils. D. à g.

40. *David* del., L. *G.*, pl. 77 n° 527.

41. C.-S. *Gaucher* del. et inc. D. à g., regarde à d.

42. L. *Gaultier* sculp., entre 2 colonnes, sur un titre, 1606.

43. D'après l'original qui est à Orléans chez *l'auteur*, rue du théâtre français n° 4

44. C. *M.*, d'après Paul *Delaroche.*

45. Eng^d by *Mackenzie* from an original Drawing D. à g.

46. Mme *Thenon-Nargeot* d^t. *Nargeot* sculp.

47. Lith. *ovale* D. à g. JEANNE D'ARC.

48. *Godefroy* del., J. *Pass* sculp.

49. *Raffet* del., Ch. *Ransonnette* sc., il est par P. *Pelée.*

50. Sur bois D à g. *Jeanne d'Arc*, Chinon 1428.

51. Sur des nuages, *l'héroïne* de 1428.

52. Dess. et lith par *Thorelle* grand in-8 D. à d.

JEANNE D'ARC in-12, in-18 et en petit.

53. *Adam* sculp. dirigée à g.

54. *Bein* sc. dirigée à dr.

55. *Vauzelles* del., Fr. *Bolt* sc. 1821.

56. Dans un *carré* sans fonds D. à dr. *Jeanne d'Arc.*

57. Dans un *carré* D. à g. *Jeanne d'Arc | pucelle d'Orléans.*

58. Dans un *carré* lith. D. à g. type du **34**, *Jeanne d'Arc.*

59. Procédé de A. *Collas*, profil à g.

60. *Debizemont* del., sculp. *Bougen.*

61. D'après Paul *Delaroche* sur bois D. à d. h. 70 *m.* l. 60.

62. N. *Delaunay* sculpsit 1779.

63. Composition *Delaunay* n° 62, aquatinta, D. à d.

64. Composition *Delaunay* n° 62, au burin, D. à d.

65. Composition *Demarcenay* n° 34, D. à dr.

66. Composition *Demarcenay* n° 34, D. à g.

67. *Ferdinand* sc^t, 3/4 à dr.

68. *M.* del., *Landon* direxit, ou in-8 avec encadrement.

69. N. *Lemire* sculp. 1774.

70. Gravé par N. *Lemire*, 3/4 à g., type *Demarcenay.*

71. *Migneret* lith.

72. Chez *Montaudon.*

73. Dans *Opmeer*, profil à dr. dans un rond sur bois.

74. Dans un *ovale*, D. à d., au bas son supplice, h. 89 *m.* l. 55

75. *Ovale* sans fonds, au trait, D. à g., au bas : *Jeanne d'Arc.*

76. Dans un *rond* sans fonds, la main d. sur son épée, la g.

renversée sur la hanche, les noms en dedans.

77. Dans *Thevet*, profil à g., JEANNE LA PU | CELLE.

JEANNE D'ARC à genoux, assise, debout in-fol.

78. Chez Pierre *van der Aa*, petit portrait dans la carte du gouvernement de l'Orléanais.

79. *Assise* sur son lit, dans sa prison, manière noire.

80. Peint et gravé par *Bounieu*.

81. Chez *Duflos*.

82. Dans la *galerie* des femmes fortes.

83. Dans la *gal.* du palais cardinal avec sujets autour.

84. *Lair* pinx , C. B^{on} d. *Laguiche* del., lith. de G. *Engelmann*.

85. L'exposition journal , etc., par *Lebouteiller*.

86. Lith. d'après la statue du musée de Versailles.

87. Sculpté par *Marie d'Orléans*, dessiné par *Hébert*, gravé par Aristide *Louis*, *gal.* de Versailles.

JEANNE D'ARC à genoux, assise, debout, in-4.

88. Dessiné par *Boilly*, gravé par Mlle *André*.

89. *Bara, Gérard*, gravure sur bois.

90. Peint par S. *Vouet*, gravé par L.-J. *Cathelin*.

91. *Chabriac* del., lith. de *Benard*.

92. *Deltil* lith.

93. Composé par *Dissey* et *Pirer*, gravure.

94. Lith. de *Fourquemin*.

95. Lith. *Lapie*.

96. Louis *Lassalle* lith.

97. H^{te} *L. (Lecomte)* lith.

98. A Paris , chez *Naudet*, gravure.

99. Dessiné par P. *Bisson*, lith. par A. *Noel*.

100. *Gois* fils inv^t, C. *Normand* sculp. *statue*.

101. Engraved by R. *Page*.

102. *Ingres* in. f^t 1846, gravé par *Pollet*.

JEANNE D'ARC à genoux, assise, debout, in-8.

103. Imp. d'*Aubert* et Cie lith.

104. C. *Burget* lith.

105. *Desenne* del., T. *Caron* sc.

106. Dans un *carré*, costume n° 39.

107. H. *Catenacci* lith., copie du n° 87.

108. Lith. L. *Christophe*, Nancy.

109. *Copie* du n° 87, au bas 1 lig. italienne.

110. Lith. de G. *Engelman.*

111. Erigé en 1805, *statue.*

112. *Gavarni* lith. une hache dans la main dr.

113. A. *Devéria* del., *Gervais* sculp.

114. *Ferrat* del., *Monnin* sc., statue.

115. *Lair* del., C. *Normand* sc.

116. F. *P.*, gravure dirigée à droite.

117. *Pigeot* sc , statue dirigée à droite.

118. Ancienne statue de *Jeanne d'Arc* à Domrémy.

119. J. *Thompson* sur bois, vision de *Jeanne d'Arc.*

120. *Lécurieux*, Ch. *Thompson* sur bois, la main droite posée sur son casque.

121. *Toussaint, Jeanne d'Arc* victorieuse, D. à g.

122. P. *Delaroche*, J. *Thompson* sur bois, *prisonnière.*

J. D'ARC à genoux, assise, debout, in-12-18 et en petit.

123. Dans un *carré*, reg. à dr., au bas *Jeanne d'Arc.*

124. Dans la *gal.* des femmes fortes, par *Lemoyne.*

125. Dans la *gal.* des femmes illustres.

126. Dans la *gal.* du palais cardinal, h. 134 *m.*, l. 74.

127. *Pontenier Th.* del., lith.

128. De 3/4 à gauche, au bas 2 lig.

JEANNE D'ARC à cheval.

129. V. *Adam*, lith. in-fol.

130. D. *B.*, lith. in-fol.

131. Imp. *Decan* et *Lebref*, au-dessous, son écusson et son monument. Lith. in-fol.

132. Fabrique de *Pélerin*, sur bois avec texte in-fol.

133. J. *Poinsart*, gravure in-fol. oblong, d'après une tapisserie de 1429.

134. E. *Stemlé* in. et del., lith. in-fol.

135. *Sur bois*, in-fol. D. à d., un sabre à la main.

136. L. *Gaultier* sculp. 1612, In-4. D. à dr.

137. Triomphe de la pucelle, *carré* in-4, D. à g. avec 3 lig.

138. Recueil de *Dulys* 1613, au trait in-8.

139. *Carré* in-18, D. à d.; au bas une ligne allem. et 1 franç.

JEANNE D'ARC, buste avec divers.

140. G. de *St-Aubin* inv., N. *Ransonnette* sc. in-fol., avec *Charles 7*

et Agnès *Sorel.*

141. E. *Berthet* del. et sc. in-8, avec *du Guay-Trouin* et *Tourville.*

JEANNE D'ARC, en pied ou à cheval avec divers.

142. Dessiné par M. C.-T. *Diot,* gravé par L.-J. *Allais,* à genoux avec *Charles 7.*

143. L. *Gaultier* incidit 1613 in-4, à genoux avec *Charles 7.*

144. L. *Gaultier* sculp. in-4, à genoux avec *Charles 7.*

145. Ch. *Ransonnette* sc. in-8, à genoux avec *Charles 7.*

146. E. *Laville, Lacoste* fils et *Guillaumot,* sur bois in-18, avec Charles 7 debout.

147. Avec *sa mère* et *Dunois,* in-4 oblong, debout.

148. Avec Charles 7 et le g. *sénéchal,* in-4 oblong, debout

149. E. *Laville, Lacoste* aîné, sur bois in-8, avec figures allé-goriques.

150. V. *Adam,* lith. in-fol., avec *Catherine II, Kléber* et *Kociusko,* à cheval.

151. Sur une feuille in-8, à cheval, avec 4 personnes, au bas une vignette; elle montre les remparts d'Orléans.

Supplice et mort de JEANNE D'ARC.

152. *Raffet* del., *Burdet* sc. in-8.

153. Procédé de A. *Collas.* In-8.

154. *Demoraine* del., *Ferdinand* sc. in-8 oblong.

155. F. *Salmon* 1836, eau forte in-8 oblong.

JEANNE DE NAVARRE, V. CHAMPAGNE, page 22.

JEANNET (LOUIS-NIC.), négociant à Arcis, né le 13 mars 1739 à Troyes, *Aube,* dép. du tiers-état du bailliage de Troyes à l'Ass. nat. de 1789, m. à Paris le 29 oct. 1790, rue Croix-des-Petits-Champs, hôtel du Perron.

Dessin in-8 à la B. I., N f. 62 b.

JESSAINT (CLAU.-LAUR. *Bourgeois,* vicomte de), pair, grand off. de la Lég.-d'honneur, né le 26 av. 1764 à Jessaint, *Aube,* nommé préfet de la Marne le 3 mars 1800, admis à la retraite le 1er nov. 1838, créé pair le 10 du même mois, m. en son château de Beaulieu le 9 juin 1853.

E. *Liénard* 1854, imp. lith. de *Barbat* à Châlons. In-8.

JOINVILLE (JEAN, SIRE de), sénéchal de Champagne, historien de St-Louis, né vers 1224 au château de Joinville, *Hte-Marne,* suivit *St-Louis* à la Terre-Sainte en 1248, se fit remarquer par sa valeur, de retour en France avec le roi, il resta attaché à son service, il m. vers 1318.

1. Dess. par *Chasselat*, gr. par Mme v^e *Ethiou*. In-4.

2. *Pigeot* sc. publié par *Furne*. In-8.

JOLLOIS (J.-Bapt.-Prosper), ingénieur en chef, directeur des ponts et chaussées du dép. de la Seine, un des auteurs du grand ouvrage sur l'Egypte, président de la société royale des Antiquaires de France, né en 17.. à Brinon-l'Archevêque, *Yonne*, m. à Paris le 25 juin 1842.

Dutertre, gravure de profil à dr. In-18.

JOLLY (Mellon), archevêque de Sens, ancien curé de Meaux, né le 20 mai 1795 à Sezanne, *Marne*, nommé évêque de Seez en 1836, archevêque de Sens en 1843.

Bordeau du Mans, lith. in-fol.

JULYOT (Jac.), m^e sculpteur, mort en nov. 1567, enterré à St-Urbain de Troyes, dont il avait donné la table du grand hôtel (peint sur verre, antiquités de Troyes).

T. *Debret* et *Arnaud* del., *Willemin* et *Pérée* sculp. in-fol.

JUVÉNAL ou JUVENEL, V Ursins.

L

LA CAILLE (Nic.-Louis de), diacre du diocèse de Reims, astronome, membre de l'Académie des sciences, professeur de mathématiques au collège Mazarin, né le 15 mars 1713 à Rumigny, *Ardennes*, reçu à l'Académie en 1741, m. à Paris le 21 mars 1762

1. Peint par Mlle *Le Jeuneux*, gravé par Mlle *Devaux*. In-fol.

2. Mlle *Le Jeuneux* pinx., *Landon* direx. In-18 ou in-8.

LACOUR (Nic.-Bern. *Guyot* de), gén. de division, com. de la Lég.-d'honneur, né en 1771 à Carignan, *Ardennes*, blessé mortellement à Wagram, nommé gén. de division sur le champ de bataille, m. quelques jours après des suites de ses blessures.

Moutony inv., *Normand* sc. au trait in-8, d'après la statue, V. *Landon*, salon de 1812, T. 2, pl. 36.

LA FAYETTE (Edmond), avocat, petit-fils du général, né le 11 juil. 1818 à La Grange, *Seine-et-Marne*, dép. de la Hte-Loire à l'Ass. nat. de 1848.

Dessiné d'après nature par *Coëdes*, lith in-4, c. *Basset*.

LA FÈRE (la noble dame Marie de), fille de St-Jean de Montmirel et femme d'*Enguerrand III* sire de Coucy, après une longue et tres-sainte vie est décédée le 20 sept. 1272, et inhumée honorablement dans le très-célèbre monastère de Longpont au diocèse de Soissons.

A genoux, D. à d. **in-4**, au bas le texte décrit forme 5 lig.

LA FONTAINE (JEAN de), poète et fabuliste, membre de l'Accad. française, né le 8 juillet 1621 à Château-Thierry, *Aisne*, reçu à l'Acad. en 1684, m. à Paris le 13 mars 1695, rue Plâtrière, enterré dans le cimetière St-Joseph.

Portraits in-folio.

1. Peint par *Garnerey*, d'après *Rigault*, gravé par P.-M. *Alix*.

2. *Rigaud* pinx., Z^in *Belliard* lith.

3. Lithographié par *Chrétien*, d'après Hyacinthe *Rigaud*.

4. *Pointeau* del., *Coqueret* sc. D. à dr.

5. Inventé par J.-B. *Oudry*, gravé à l'eau forte par C.-N. *Cochin*, terminé au burin par N. *Dupuis*.

6. Hyacinthe *Rigault* pinx., *Edelinck* sculp.

7. *Lordereau* lith. dirigé à gauche.

8. C.-P. *Marillier* del., N. *Ponce* sculp. D. à g.

9. Hyacinthe *Rigault* pinx., copie d'*Edelinck*. D. à g.

10. P. *Sudré* del., lith. de *Langlumé*. D. à. dr.

LA FONTAINE, portraits in-4.

11. Publié par *Blaisot*, lith de. *Ducarme*, *gal.* univ.

12. *Buste* D. à dr., avec *Esope* et animaux, oblong.

13. Jos^h *Collyer* sculp., au bas le loup et l'agneau. D. à g.

14. Cl. *Duflos* sculp., dirigé à droite.

15. *Dupin* del et sc. D. à g., à Paris chez *Esnauts* et *Rapilly*.

16. F. *Kuhn*, ovale avec ornements : D. à dr.

17. *Oblong* D. à d. *o fabulista da mocidada* **La** *Fontaine.*

18. *Oblong* avec emblêmes, D. à g., au-dessous, une notice sur la vie de LA FONTAINE.

19. *Ovale* en manière noire, reg à dr. LA FONTAINE.

20. *Bergeret* inv. et del., *Pigeot* sculp. ou *Pigeot* sculpsit 1817, avec allégories, D. à g.

21. *Rulmann* del., lith d'après H. *Rigault*, D. à dr.

LA FONTAINE, *portraits* in-8.

22. Peint par *Rigault*, gravé par *Bertonnier*.

23. *Buste* d. à g. avec *Esope* et animaux, FABLES DE LA FONTAINE.

24. *Buste* d. à g. dans une bibliothèque, avec l'Amour et l'Es-

pérance.

25. F. *Bonneville* del., *Compagnie* sculp. D. à d.

26. *Rigaud* pinx, N. *Courbe* sculp. D. à g.

27. *Dequevauviller* sculp^t. D. à g.

28. Gravé à Paris par E. *Desrochers*, chés *Daumont*. D. à g.

29. R. *Devaux* sculp. D. à dr.

30. *Rigault* p., *Duflos* sc. Regarde à g.

31. Hiacinte *Rigault* pinx., P. *Dupin* sculp. Coll. *Odieuvre*.

32. *Devéria* del , A. *Ethiou* sculp. D. à d.

33. *Gal.* de Versailles, buste d. à g. N° 350.

34. *Godard* grav. à Alençon, 3/4 à dr., sur bois.

35. *Hopwood* sculp. Regarde à droite.

36. Gravé sur acier par *Hopwood*, avec emblèmes. D. à g.

37. *Devéria* del., A. *Jehotte* sculp. D. à dr.

38. J. M. *Moreau* inv. et delin., N. *Le Mire* sculp.

39. Peint par Hiacinte *Rigault*, gravé p. *Macret* d'après *Ficquet*.

40. Alex^{dr} *Massard* scu, chez *Menard* et *Desenne*.

41. *Devéria* del., H.-C. *Muller* sculp. D. à dr.

42. Hiacinte *Rigaud* pinx., J.-C. *Philips* sculp. 1729.

43. Hiacinte *Rigault* pinx., J.-F. *Ribault* sculp. 1812.

44. H. *Rigault* pinx, dans un ovale, reg. à g.

45. *Frilley* del., S...., sculp. Reg. à dr.

46. Gravé par *St-Aubin* d'après le marbre de *Julien*.

47. Hiacinte *Rigaud* pinx., J.-B. *Scotin* sculp.

48. Dessiné et gravé d'après *Rigault* par Ambroise *Tardieu*. Ovale seul ou dans une couronne de laurier.

49. *Devéria* del., *Couché* fils dir., *Tavernier* sculp.

50. 3/4 à dr., dans un *carré*, Jean de La Fontaine.

51. 3/4 à dr., dans un *carré* de 2 traits, lith.

52. 3/4 à dr., dans un *ovale* formé de roses, avec les figures emblématiques de la Poésie et de la Morale.

53. 3/4 à g., dans un *carré* avec emblêmes, *Fables de La Fontaine*.

54. 3|4 à dr., *médaillon* et revers au Parnasse français.

55. 3/4 à g., sur bois, sans fonds, Jean de La Fontaine.

LA FONTAINE in-12-18 et en petit.

56. Painted by H. *Rigault*. Engraved by cosmo *Armstrong*.

57. *Baudoin* frères, éditeurs, titre de fables, sur des nuages.

58. *Bertonnier*, in-18, le même avec ornements in-12, le même avec texte in-4, *carré*, reg. à d.

59. *Chusselat* del., *Bertonnier* sc. 3/4 à dr., *carré*.

60. Hiacinte *Rigaud* pinx., *Bertonnier* sculp., *ovale*.

61. *Blanchard* sculp., avec le Renard et le Corbeau. D. à g.

62. C. *Case*, sur bois, oblong avec ornements. D. à g.

63. J.-B. *Compagnie* sculp., avec le Renard et le Corbeau.

64. C.-P. *Marillier* del. 1779, N. *De Launay* sc. D. à dr.

65. Lith. de *Delpech*. D. à dr.

66. H. *Rigault* pinx., R. *Delvaux* sculp. D. à dr.

67. *Rigaut* pinx. 1802, *Depreelle* sculp. D. à dr.

68. H. *Rigault* pᵗ, *Dupréel* sc. *Ovale* seul. D. à dr.

69. H. *Rigault* pinxᵗ, J.-B.-M. *Dupréel* scᵗ. D. à g.

70. Hiacinthe *Rigault* pinx., *Ficquet* sculp. Reg. à dr.

71. Hyacinthe *Rigault* pinx., *Ficquet* sculp. D. à dr.

72. *Forssell* sc. D. à dr.

73. H. *Rigault* pinx., C.-S. *Gaucher* inc. D. à dr.

74. Hyacint. *Rigault* pinx., *Ingouf* junior sculp.

75. *Devéria* del., A. *Jehotte* sculp. 3/4 à dr.

76. Lith. par *Julien* d'après *Rigaud*. D. à dr.

77. *Lachaussée* sculp., avec le Loup et l'Agneau. D. à dr.

78. Hyac. *Rigaud* pinx., *Landon* direx., ou in-8.

79. C. *Monnet* del., *Macret* direx. Buste. D. à d.

80. *Mariage* scr. Dirigé à g.

81. *Masson* sculp., dans un carré. D. à d.

82. C. *Lebrun* pᵗ, H. *Pauquet* del. et sc. D. à d.

83. *Perdoux* sculp., buste avec Esope et animaux.

84. Hia. *Rigaud* pinx., *Pinssio* sculp. D. à g.

85. C. P. *Marillier* del., N. *Ponce* sculp. 1772.

86. *Profil* à d., dans un octogone à coins, *J. de La Fontaine*.

87. *Profil* à g., dans un ovale.

88. Bʸ *Roger* sculp. D. à droite.

89. Gravé sur acier par *Scriven*. D. à dr.

90. Hiacinte *Rigaud* pinx., *Sixdemirs* sculp. D. à dr.

91. Aug. *St-Aubin* fecit. Profil à g.

92. *Desenne* del., *Thompson* sc. Sur bois.

93. 3/4 à d. dans un *carré* sans fonds, au bas : *La Fontaine*.

94. 3/4 à d. dans un *ovale* seul, gravure au point.

95. 3/4 à d. *Ovale*, avec le Loup et l'Agneau, le Loup est à d.

96. Même composition, le Loup est à gauche.

97. 3/4 à d. *Ovale*, avec le Loup et la Cigogne, le Loup à g.

98. 3/4 à d. dans un *rond*, sur la tab. *Jⁿ de La Fontaine*.

99. 3/4 à g. dans un *ovale* entouré d'une guirlande de roses, entre 2 nymphes.

100. 3/4 à g. *Ovale* avec guirlandes de roses au bas du médaillon et plus bas la fable du Loup et de l'Agneau.

101. 3/4 à g. *Ovale*, avec guirlande de roses en haut.

102. 3/4 à g. dans un *ovale*, avec guirlandes de roses en haut, à d., à g. et au-dessous de la tablette.

103. 3/4 à g. dans un *ovale* à coins in-32, *La Fontaine*.

LA FONTAINE en pied, ou avec divers personnages.

104. Dessiné par *Bouchot*, gravé par *Charon*. In-fol.

105. Ed. *Coppin*, sur bois. In-4. D. à dr.

106. *Ingres* del., H. *Dupont* sculp. In-4.

107. H^{le} *L (Lecomte)* lith., in-4, *assis*.

108. Lith. in-4, pour *la Pandore, assis*.

109. Dessiné par *Pingret*, gravé par *Migneret*, in-4, *assis*.

110. *Piaud*, gravure in-4, *assis*.

111. C. *Desains*, E. *Baldus* aq. f., in-8.

112. *Desenne* del., *Burdet* sculp., in-8.

113. C. *Eisen* del., 1775, N. *Delaunay* sculp., in-8, assis.

114. C. N. *Cochin* filius del., Et. *Fessard* sculp., in-8, *assis*.

115. *Lith.* in-8, au bas 3 lig.

116. *Laitié* inv^t, *Reveil* sc., in-8, *statue*.

117. *Assis*, 3 petits amours tiennent le Décaméron, in-8.

118. Dans la *France* pittoresque, avec *Racine*, in-18.

119. *Couché* fils sc., in-18, avec *Florian, Lamotte* et l'abbé *Aubert*.

LA FOREST (P.-C.) V. DE LA FOREST.

LAGOILLE DE LOCHEFONTAINE (ET.-NIC.), docteur de Sorbonne, chanoine et sénéchal de l'église métropolitaine de Reims, né le 31 nov. 1749 à Reims, *Marne*, dép. du clergé du bailliage de Reims à l'Ass. nat. de 1789. Obligé de s'expatrier pour refus de serment, il se rendit en Allemagne où il est mort.

1. *Labadye* del. in-8, *dessin* à la B. I. N. f. 62 c.

2. *Labadye* del , *Letellier* sculp. in-8, col. *Dejabin*.

LA GRANGE (JEAN de) ou *Grangier*, recteur de l'Université de Paris, successivement professeur de rhétorique, principal à plusieurs collèges, professeur d'éloquence latine au collége de France, né vers 1576 à Châlons-sur-Marne, *Marne*, m. à Paris en 1643.

Dans un *carré* in-4, D. à g. Au bas : *Mons. de La Grange, principal du collège de Beauvais.*

LAIGNIER (Nic.-Jos.), avocat, né le 30 nov. 1745 à Château-Porcien, *Ardennes*, dép. du tiers-état de Montfort-l'Amaury à l'Ass. nat. de 1789.

Dessin in-8 à la B. I., N. f., 62 c.

LALEMANT (Pier.), chanoine et prieur de Ste-Geneviève, chancelier de l'Université de Paris, né en 1621 à Reims, *Marne*, m. à Paris le 18 fév. 1673.

1. *Nanteüil* faciebat 1678 in-fol.

2. *Desrochers* ex. in-8. D. à dr.

3. A Paris, chez *Lattré* in-8.

4. *Ovale* in-8, 3/4 à dr., avec 2 lig. sur la tablette.

LALOUETTE (Fran. de), conseiller du roi et maître des requêtes de son hôtel, né en 15.. à Vertus, *Marne*, mort en

Ovale avec ornements ; h. 110 *m.*, l. 81. D. à dr., sur l'ovale :
F. DE LA LOETE. CONS. DV ROY. ET M. DES REO. OR. DE SON. HO. PR. DE SED.

Ce portrait se trouve au verso du titre : *des affaires d'état etc.* Paris 1597.

LALOUETTE (—), chef à l'administration des eaux et forêts, né en jan. 1756 à Chatay, *Ardennes*, m. à Paris le 26 oct. 1834.

Lith. in-fol. D. à g. : au bas 5 lignes.

LALOY (Jean-Nic.), médecin, né le 14 oct. 1745 à Doulevent-le-Château, *Haute-Marne*, dép. du tiers-état de Chaumont-en-Bassigny à l'Ass. nat. de 1789, nommé en 1791 maire de Chaumont, conseiller de préfecture en 1800, m. à Chaumont le 25 déc. 1804.

Labadye del. in-8, *dessin* à la B. I., N. f. 62 c.

MAISON DE LA MARCK.

LA MARCK (Erard de), cardinal évêque de Liège, 62ᵉ abbé de Beaulieu-en-Argone, fils de *Robert* I, seig. de Sedan, Florange, Jamets, etc, duc de Bouillon et de *Jeanne* de Marlei, nommé évêque de Liège en 1505, de Chartres en 1507, créé cardinal en 1522, archevêque de Valence en 1523, m. à Liège le 15 fév. 1538, enterré dans le chœur de l'église de Saint-Lambert.

1. *Dessin* à la pierre noire in-fol. à la B. I., N a 24.

2. P. jo. *Maius* (Jean *Vermeyen*), tête comme nature.

3. *Fines* delineavit leod., gravure in-4.

LA MARCK (Robert III de), duc de Bouillon, seig. de Sedan et de Florange, maréchal de France, chev. des O. du roi, fils de *Robert* II et de *Catherine* de Croy, mort à Longjumeau au mois d'août 1537, enterré à Saint-Laurent de Sedan.

1. *Dessin* aux 3 crayons in-fol., à la B. I., N a 22.

2. *Dessin* aux 3 crayons in-f. à la B. I., N e. 42 d, p. 16.

3. (Gravé par A. *Riffaut*) in-f. MONSEIGNEUR DE FLORÉGE.

4. *Gal.* de Versailles, au trait in-18, en pied.

GUILLEMETTE DE SARBRUCH, comtesse de Braine, dame de Montaigu, Neufchâtel, Pontarcy et de La Ferté-Gaucher, sa femme, fille de *Robert* de Sarbruch et de *Marie* d'Amboise. Elle m. le 15 sept. 1531.

1. *Dessin* in-4 à la B. I., *Gaignières*, T. 9, p. 25.

2. Dans *Montfaucon*, copie in-8 en pied.

LA MARCK (ANT. de), grand archidiacre de Chartres, 63ᵉ abbé de Beaulieu-en-Argonne, frère du précédent, nommé abbé en 1520. Ayant pris le parti de Charles-Quint contre François I, il fut assiégé dans son abbaye en 1523 et tué par O. du roi.

Dessin aux 3 crayons à la B. I., N e 42 d, p. 18.

LAMARCK (CHARLOTTE de). V. TOUR D'AUVERGNE.

LA MOTTE (MARC-ANT.-NIC.) *de La Penissière*, ancien gendarme à Bar-sur-Aube, domicilié dans cette ville, condamné par contumace à être battu, fustigé nu de verges et flétri d'un fer chaud en forme des trois lettres G. A. L. sur l'épaule dr., conduit aux galères et servir comme forçat à perpétuité par arrêt du parlem. de Paris du 31 mai 1786, m. en cette ville en nov. 1833 sous le nom de *Mustiphragasis* (affaire du collier).

1. A Paris, chez *Basset* in-4. D. à dr., reg. à g.

2. *Profil* à dr. in-4., sur la tab. Mʳ LE COMTE DE LA MOTHE.

3. *Profil* à g., in-8 sur la tab. *M. le comte de La Motte.*

4. *Profil* à g., aquatinta in-8, cadre avec moulures et vignette : *pᵉ visite de M. de La Motte chez Mˡˡᵉ d'Oliva.*

JEANNE *de S.-Remy de Valois Luze*, femme du précédent, fille de *Jacques* de S.-Remy de Valois, baron de S. Remy, et de *Marie* Josset, née le 22 juil. 1756 à Fontette, *Aube*, mariée au mois de juin 1780 à Bar-sur-Aube, condamnée à être battue et fustigée de verges et flétrie d'un fer chaud en forme de V, enfermée à la Salpétrière à perpétuité. Elle parvint à s'échapper, se rendit à Londres, m. dans cette ville le 23 août 1791 des suites d'une chûte (affaire du collier).

1. A Paris, chez *Basset* in-4.

2. A Paris, chez *Alibert*, en manière noire in-8.

3. F. *Bonneville* del. sc. in-8, ovale seul.

4. *Robint* pinx¹, *Goldar* sculp¹ in-8.

5. *Ovale* in-8, D. à g., sur la tab. 3 lig. *en cheveux*.

6. *Ovale* in-8, D. à g. sur la tab. 2 lig , *en chapeau*.

7. *Ross* sculp. in-8, *the countess* | DE LA MOTTE.

8. *Ovale* in-18, D. à g. Mᵐᵉ LA COMᵗˢᵉ DE LA MOTTE.

9. *Ovale* in 18, D. à d., sur la marge 2 lig. allemandes.

10. *Ovale* in-18, D. à d., sur la marge 2 lig. françaises.

11. *Telouc* in-18, D. à g., sur la marge 2 lig. françaises.

LA NOUE (J.-B. *Sauvé* DE), V. SAUVÉ.

LANTAGES (CHAR.-LOUIS DE), catéchiste de St-Sulpice, né en 1616 à Troyes, *Aube*, mort au Puy le 1ᵉʳ av. 1694.

1. *Dequevauviller* sc. in-8, ou avec encadrement in-4.

2. *Dulompré* sc. in-8, d'après l'original peint après sa m.

LARGENTIER (N.), maître-d'hôtel d'Anne d'Autriche.

M. *Lasne* sculp¹ 1656, ovale in-fol. D. à dr.

LA SALLE (EUSTACHE DE), lieutenant des habitants de Reims pendant les années 1607, 1608 et 1609.

Moilon pinxit, *Regnesson* del. sculp. In-4.

LA SALLE (EUSTACHE DE), correcteur des Comptes.

1. C. *Lefebure* delineavit, P. *Landry* sculp. 1661. In-f.

2. C. *Lefebure* delineavit, P. *Landry* sculp. 1663. In-f.

LA SALLE (J.-BAPT. DE), docteur en théologie, chanoine de la métropole de Reims, instituteur des Écoles chrétiennes, né le 30 av. 1651 à Reims, *Marne*, m. à St-Yon, diocèse de Rouen, le 7 av. 1719.

1. Lith. in-fol. par un élève de dessin des ff. des écoles chrétiennes de la paroisse St-Roch.

2. Giac° *Lepri* inv. dis. e inc. In-4.

3. F. *Bondini* inv. et des. 1840, Rome. Lith. in-4.

4. *Crespy* sculp. In-8, de 3/4 à gauche.

5. *Desrochers* f. In-8.

6. Suite de *Desrochers*, chez *Petit*, avec 3 lig. et 4 vers. D. à dʳ·

7. *Ovale* in-8. D. à dr.; sur l'ovale : *Sinite parvulos* ; sur la tab. 5 lig. françaises.

8. *Ovale* avec vignette, in-8, au bas 5 lignes.

9. E. *Conquy* sc., in-12. Col. des hommes utiles.

10. Dans un *carré* in-18. D. à g.; au bas 6 lig.

11. *Massard* sculp. In-18.

12. Fabrique d'estampes de *Dembour* et *Gangel* à Metz, in-fol. assis.

Les 6 sujets suivants, in-18, édités par *Bertin* et Cⁱᵉ.

13. *Écrit* les règles de son institut.

14. *Réunit* ses premiers disciples en 1680.

15. *Distribue* ses biens aux pauvres en 1681.

16. *Fait* école aux enfants en 1690.

17. *Recommande* son œuvre à Dieu et à la T.-Ste Vierge en1717.

18. *Mort* du vénérable serviteur de Dieu, 7 avril 1719.

LE BEY (DENIS), seig. de Batilly, jurisconsulte, avocat au parlement de Metz, sous Henri IV. Ayant commis des abus de pouvoir, les trois ordres de la ville s'en plaignirent ; le président *Viart* indigné des usurpations de *Lebey*, revint à Metz en 1606 et reprit sa charge. Né à Troyes, *Aube*, m. en 161..

1. (Th. *de Bry*), ovale avec ornements. In-4, profil à **g.**

2. *Carré* in-18, profil à **g.** ; au bas : *Dionisius Lebeus.*

LECOUVREUR (ADRIENNE), célèbre actrice de la Comédie française, née le 5 av. 1692 à Damery, *Marne*, m. à Paris le 20 mars 1730.

1. Peint par Ch. *Coypel*, gravé par P. *Drevet*, in-fol.

2. *Coypel* pinxit, *Petit* sculpsit, in fol.

3. L. *Barankiewiez* fecit, lith. in-4.

4. *Julien, Gal.* universelle, lith. in-4.

5. D'après Charles *Coypel*, d'après *Isabey*, lith. in-4.

6. *Vigneron* del., lith. de C. *Motte.* In-4, reg. à dr.

7. *Coypel* p., J.-B. *Grateloup* sc. In-8, au bas : CORNÉLIE.

8. C. A. *Littret* sculp. 1765, tête in-8.

9. *Devéria* del. 1825, Adrien *Migneret* sculp. In-8.

10. *Fontaine* pinx., F.-G. *Schmidt* scul. In-8. Coll. *Odieuvre.*

11. *Fontaine* pinx., *Landon* direx. in-18, ou in-8.

Adrienne LECOUVREUR, portraits en pied.

12. Dessiné par *Cœuré*, gravé par *Prud'hon.* In-fol.

13. Dessiné par H. *Dupont*, gravé par *Geille*, in-4.

LÉCUY (J.-BAPT.), docteur de Sorbonne, 57ᵉ abbé de l'O. de Prémontré, né le 3 juil. 1740 à Yvoy-Carignan, *Ardennes*, m. à Paris le 22 av. 1834.

1. Adolphe *H*, gravure in-8, au bas 4 lig.

2. *Profil* à g., au physionotrace. In-8 avec les mêmes lig.

LEDOUX (CLAUDE-NIC.), architecte, né en 1736 à Dormans, *Marne*, m. à Paris le 19 nov. 1806.

C. N. *Varin* sculp. in-fol., buste ; dans le titre : L'ARCHITECTURE considérée sous le rapport, etc.

LE FEBVRE (CHRISTOPH.), VIR NOBILIS, DOMANII REGII PRO-
TECTOR APUD TRICASS[9].

Ovale in-4, D. à dr. Sur l'ovale, le texte décrit; sur la tablette :
Non est volentis | neq3 currentis sed | miserentis Dei. Rom. 9.

LE FEVRE DE CAUMARTIN (LOUIS-URBAIN), marquis de St-
Ange, comte de Moret, etc., fils de *Louis François* et de *Marie
Urbaine* de Ste-Marthe, né en 1653 à Châlons-sur-Marne, *Marne*,
nommé conseiller au parlem. de Paris en 1674, maitre des requêtes en 1682, intendant des finances en 1690, conseiller d'état
en 1697, m. doyen du conseil en son château de St-Ange le 2
déc. 1720.

F. *de Troy* pinx., C. *Vermeulen* sculp. In-fol.

LE FEVRE DE CAUMARTIN (JEAN-FRANÇ.-PAUL.), évêque de
Blois, docteur de Sorbonne, abbé de Buzay, chev. de Malte, doyen
de la cathédrale de Tours, membre de l'Acad. française, honoraire de celle des Inscriptions, fils de *Louis François* et de *Catherine* de Verthamon, né le 16 déc. 1668 à Châlons-sur-Marne,
Marne, reçu à l'Acad. française en 1694, nommé évêque de Van-
nes en 1717, de Blois en 1720, m. à Blois le 30 août 1733 d'une
attaque d'apoplexie.

A Paris chez *Crépy*, chez *Petit.* **In-8**, D. à gauche.

LEFEVRE-GINEAU (LOUIS), physicien, inspecteur de l'Université, membre de l'Institut, *Acad. des Sciences* et de la Légion-
d'honneur, électeur à Paris en 1789, 90, 91 et 92, administrateur
des subsistances de la municipalité, dép. des Ardennes à diverses assemblées législatives, né le 27 mars 1751 à Anthes, *Ardennes*, nommé à l'institut en 1795, m. d'apoplexie à Paris le 3
fév. 1829.

1. Jul. *Boilly* 1823. Lith. in-fol.

2. Dessiné en 1823 et gravé par Ambroise *Tardieu*. In-8.

3. *Réville* sculp., en petit, dans la France pittoresque.

LE GORLIER (JAC.), gentilhomme champenois.

Ovale in-8, D. à g., sur l'ovale : JAQVES LE GORLIER GENTIL-
HOMME CHAMPENOIS AAGE DE XXIII ANS. Sur la marge 4 vers.
Hippolyte a fait cet ouvrage.

LEGOUEST (NIC.-LOUIS), ancien bailli de Gyé, né en 1740 à
Ervy, *Aube*, procureur gén. syndic du dép. de l'Aube en 1791,
notaire à Bar-sur-Seine, nommé commissaire près l'administration municipale le 6 déc. 1802, sous préfet le 29 mars 1803, juge

suppléant du tribunal civil de la même ville le 3 av. 1803, cesse ses fonctions de sous préfet le 2 juillet 1813, dép. en 1815 pendant les Cent jours , passe juge en titre le 14 février 1816, admis à la retraite en 1821, m. à Bar-sur-Seine le 30 mai 1833.

Dessiné et gravé par *Miger*, 1807 , in-4.

LEGROS (Nic.), docteur en théologie, chanoine de la cathédrale de Reims, né en 1675 à Reims, *Marne*, m. le 4 déc. 1751 à Rhinwiek en Hollande.

Dans un *carré* in-fol. D. à g. Sur la tab. 2 lig.

LEGROS (Nic.), curé de St-Jacques du Haut-Pas à Paris, né le 29 nov. 1752 à Bourbonne-les-Bains, *Hte-Marne*, m. à Paris le 16 oct. 1809.

Dessiné d'après nature et gravé par C.-F. *Letellier* 1809, in-4.

LEMAIRE (Nic.-Eloy), doyen de la Faculté des Lettres de Paris et professeur de poésie latine, né le 1 déc. 1767 à Triaucourt, *Meuse* , nommé professeur au collège Lemoine en 1792 , 2e jugesuppléant du 6e arrondissem. de Paris en l'an 3 , commissaire près le bureau central de police en l'an 7 jusqu'à la suppression de ce bureau, professeur de poésie latine à la Faculté des Lettres en 1813, m. à Paris le 4 oct. 1832.

1. Lith. in-f. D. à d. Au bas : N. E. LEMAIRE. | *Amicus amicis.*

2. Lith. in-fol. D. à g. Au bas : N E. LEMAIRE.

3. Gravé en manière noire par *Laguiche*. In-8.

4. C. *Laguiche*, lith. in-8, dirigé à droite.

LEMOINE (Pier.), jésuite, poète et littérateur, né en 1602 à Chaumont, *Hte-Marne*, m. à Paris le 22 août 1671.

1. Phil. de *Champagne* pinx., F. *Poilly* sculp. In-fol.

2. *Ingouf* junior sculp. In-18.

LE MOYNE de Villarsy (Ant.-Nic.), écuyer , seig. de céans, ancien trésorier de France, avocat, président du canton de Suippes , écrivain agronome, correspondant de la Société royale et centrale d'agriculture , membre de plusieurs sociétés savantes , né le 12 juin 1753 à Châlons-sur-Marne , *Marne*, m. à Chaillot le 29 av. 1819.

Profil à g. en regard d'*Anne Madeleine* Ternier sa femme, médaillon in-8 dans une composition in-fol.

LE NOBLE (Eustache), baron de St-Georges, procureur gén. au parlem. de Metz, poète , orateur , historien , jurisconsulte , philosophe, écrivain fécond, né en 1643 à Troyes, *Aube*, m. dans la misère le 31 jan. 1711 à Paris sur la paroisse St-Séverin.

1. A Paris chez E. *Desrochers.* In-8. D. à g.

2. F. *Ertinger* del. et sculpsit. In-8. Profil à dr.

3. P. *Simon* pin., J. B. *Scotin* sulp. In-12.

4. P. *Simon* eques pin. 1691, A. *Trouvain* sculp. In-12.

5. Dans un *ovale* in-18, h. 40 *m.* l. 32. D. à g.

6. Chez A. *Trouvain* 1695, in-fol., *en pied.*

LE NOBLE (CLAUDE), commis, âgé de 47 ans, né à Arrelles, *Aube*, mis en jugement pour avoir pris part à la conspiration de G. *Cadoudal*, acquitté le 10 juin 1804.

Dumontier del., *Hubert* direx. In-8.

LENONCOURT (PHILIP. de), cardinal, archevêque de Reims, pair de France, conseiller d'Etat, com. du St-Esprit, fils d'*Henri II* seig. de Lenoncourt et de *Marguerite* de Broyes, né en 1527 au château de Coupvray, *Seine-et-Marne*, fut abbé commendataire de Monstier-en-Der, Monstier-St-Jean, Rebais, Oigny, Epernay, Barbeaux, et prieur de La Charité-sur-Loire, nommé évêque et comte de Châlons en 1550, puis évêque d'Auxerre, créé cardinal en 1586, archevêque de Reims en 1588, n'en prit pas possession, m. à Rome le 13 déc. 1591.

1. *Dessin* octogone à la pierre noire. In-fol. à la B. I., N a 24.

2. *Dessin* à la pierre noire. In-fol. à la B. I., N a 44.

3. *Dessin* en couleur. In-fol, d'après une vitre des Cordeliers à Paris, *à genoux*, à la B. I., *Gaignières*, T. X p. 4 E.

LEROUGE (J.-A.), chimiste, né le 4 mai 1726 à Troyes, *Aube*, mort après 1800

Gravé par M.-F.-J. *Masquelier* en 1797. In-8.

LEROY DE MONTFLABERT (PIER.-NIC.) dit *Dix-Août*, ex-maire de Coulommiers, juré au tribunal révolutionnaire de Paris, né le 31 mars 1743 à Coulommiers, *Seine-et-Marne*, décapité à Paris le 7 mai 1795.

F. *Bonneville* del. sculp. In-8.

LE SEUR (THOM.), minime, professeur de mathématiques à la Sapience à Rome, né le 1 oct. 1703 à Rethel, *Ardennes*, m. à Rome le 22 sept. 1770.

1. Dessiné à Rome par C.-N. *Cochin* en 1750, gravé par B. A. *Nicollet.* In-4.

2. *Watelet* delin. Roma, *de Lav. Poussin* sculp., 1764. In-4.

LIGER-BELAIR (LOUIS), comte, lieut. gén., grand'croix de St-Louis et grand off. de la lég. d'honneur, né le 11 juil. 1772 à Vendeuvre, *Aube*, m. au château de Vosne près Nuits le 4 déc. 1835.

A. *Pré*, 1826, lith. in-4.

LIGNIER (Nic.-Jos.-Ferd.-Adol.), avocat, dép. de l'Aube à l'Ass. nat. de 1848, né le 6 sept. 1809 à Molins, *Aube*.

Lith. par A. *de Bayalos*. In-4. Col. *Basset*.

LINGUET (Simon-Nic.-Henri), avocat et littérateur, né le 14 juil. 1736 à Reims, *Marne*, décapité à Paris le 27 juin 1794.

Portraits in-4 et in-8.

1. Gravé par *Delattre*, profil à gauche.
2. A Augsbourg, chez J. *Haïd* et fils.
3. *Ovale*, petit 3/4 à d., regarde en l'air. Sur la tab. 2 lig.
4. A. *Regnier* del. 1826, imp. litho. de Mlle *Formentin*.
5. Aug^s *de St-Aubin* ad vivum del. et sculp., 1773.
6. J.-B. *Greuze* pinx. 1780, Aug. *de St-Aubin* sculp.
7. Aug. *de St-Aubin* inv. et sculp., ou *Vincent* pinx., A. *de St-Aubin* sculp., buste avec emblèmes et 4 vers.
8. *Pujos* ad vivum del. 1774, Vin. *Vangelisty* sculp. 1779.
9. F. *Bonneville* del., gravure, 3/4 à g. In-8.
10. Ambroise *Tardieu* direxit. In-8.

Linguet in-12, in-18 et en petit.

11. *Carré* sans fonds, au trait. D. à d. Sur la tab. Linguet.
12. *Devéria* del., *Dequevauviller* s^t, 3/4 à dr.
13. *Mariage* sc., profil à gauche.
14. *Profil* à d. dans un rond, le nom dedans, écrit à rebours.
15. *Profil* à gauche dans un rond, portant le n° 71.
16. Petit portrait rébus, 3/4 à g., dans un *carré*.

Linguet avec divers.

17. *Profil* à d. en regard d'un empereur romain, au trait. In-8.
18. Dans un *carré* in-18, avec Cécile *Renaud*, *Houchard* et *Marceau*, avec texte allemand.
19. Avec 11 p., pour le dic. biog. L. G. *Peugnot*, feuille in-8.

LOMET des Foucaux (Ant.-Franç.), baron, com. de la Lég.-d'honneur, chev. de St-Louis, né le 6 nov. 1759 à Château-Thiery, *Aisne*, ingénieur des ponts et chaussées de 1777 à 1789, soldat volontaire en 1790, colonel en 1794, professeur à l'école polytechnique de 1795 à 1798, chef des divisions militaires et du mouvement des troupes au ministère de la guerre de 1800 à 1808,

nommé com. de la Lég.-d'honneur à Austerlitz en 1805, créé
baron en 1808, chev. de St-Louis en 1814, admis à la retraite en
1819, m. à Paris le 10 nov. 1826, enterré au Père-Lachaise.

Lith. de G. *Engelmann*. In-4.

LORIQUET (J.-N.), jésuite, supérieur de St-Acheul, né le 5 août
1767 à Epernay, *Marne*, m. rue des Postes à Paris le 9 av. 1845.

1. *Chevalier*, lith. in-8.

2. *Pidoux*, lith. in-fol., *mort*.

MAISON DE LORRAINE.

LORRAINE (CHAR., cardinal de *Guise*, puis de), duc de Che-
vreuse, archevêque-duc de Reims, pair de France, fils de *Claude*
de Lorraine et d'*Antoinette* de Bourbon, né le 17 fév. 1524 à
Joinville, *Hte-Marne*, m. à Avignon le 26 déc. 1574 âgé de 49 ans
10 mois (le portrait n° 19 gravé à l'époque, fait croire qu'il vivait
encore en 1575); il fut nommé archevêque de Reims en 1538,
créé cardinal en 1547, évêque de Metz en 1550, posséda les abbayes de Monstier-la-Celle, Monstier-Neuf, Cluny, Fécamp, Mar-
moutier, Cormery, St-Remy de Reims, St-Martin de Laon, St-
Denis en France, Monstier-en-Der et St-Urbain.

1. *Dessin* aux 3 crayons in-fol. à la B. I., N e. 42 a. p. 68.

2. Dans *Thevet*. In-4, 3/4 à dr.

3. Dans la chronique de Champagne, copie in-4, D. à g.

4. Dans un carré in-4. D. à dr., copie du n° 2, h. 191 *m.*, l. 140

5. Ja. *Grant* f. In 4. D. à g., au bas 4 vers.

6. Dans les Cardinaux de l'abbé Alby. In-8. D. à g.

7. C. *David* f. In-8.

8. *Desrochers* ex. In-8. D. à droite.

9. *Gal.* de Versailles, n° 1931. In-8.

10. *Harrewyn* fecit. In-8.

11. Dans *Thevet*. In-12.

12. C. del., *Landon* direx. In-18, avec encadrement in-8.

13. Dans la chronique d'*Opmeer*, sur bois. In-18, D. à d.

14. Ovale in-18. D. à dr. *Charles de Lorraine | cardinal.*

15. En petit dans la chronologie collée, n° 49. D. à d.

16. En petit, copie du n° 15 en sens opposé, n° 19.

17. *Carré* in-32. D. à dr., au bas, *Charles de Lorraine.*

Ch. cardinal DE LORRAINE en pied.

18. *Galerie* du palais cardinal. In-fol., autour divers sujets.

19. Dans un carré in-4, *assis*, D. à g. ; au bas : *Carolus cardinalis a lotharingia* et dans l'estampe : A N° Dni 1575 | ætat. 50.

20. Copie in-8 du n° 17, h. 131 *m. l.* 74.

21. Copie in-8 du 17, le texte plus gros.

LORRAINE (LOUISE), sœur du précédent, née le 10 jan. 1520 à Joinville, *Hte-Marne*, mariée en 1541 à *Charles* de Croy, prince de Chimay, duc d'Arscot, morte le 18 oct. 1542.

Dans un *carré* in-fol. en pied.

LORRAINE (LOUIS de), cardinal de Guise, frère des précédents, né le 21 oct. 1527 à Joinville, *Hte-Marne*, nommé évêque de Troyes en 1545, d'Alby en 1550, créé cardinal en 1553, archevêque de Sens en 1561, évêque de Metz en 1568, sacra Henri III en 1575 ; il fut abbé de St-Victor de Paris, Moissac, Bourgueil et St-Germain d'Auxerre et mourut à Paris le 29 mars 1578, enterré dans l'église St-Victor.

1. *Dessin* aux 3 crayons, in-fol. à la B. I., N e 42, p. 69.

2. *Dessin* in-fol. à la B. I. *Gaignières*. T. VIII, p. 105.

3. *Mau (Mauzaisse)* f. 1825, lith. de *Ducarme*, in-4.

4. Dans *Monfaucon*. In-4, T. V., p. 31.

5. Dans l'abbé *Alby*, profil à dr. In-8, au bas **2** lig.

6. Ovale in-8. D. à g. les titres sur l'ovale, au bas 4 vers.
Veux-tu voir un prélat de la romeine églize.

7. Dans un carré in-32. D. à dr., au bas *Louis de Guise*.

8. I. lith. de F. *Delpech*. In-4, en pied.

LORRAINE (CATH.-MARIE de), duchesse de Bourbon-Montpensier, fille de *François* duc de Guise et d'*Anne* d'Est, née le 18 juil. 1552 à Joinville, *Hte-Marne*, mariée en fév. 1570 à Louis II de Bourbon, duc de Montpensier, m. à Paris le 6 mai 1596, enterrée dans le chœur de l'abbaye de St-Pierre de Reims

1. *Collection* du château d'Eu, gravure in-8.

2. Tableau du temps, *gal.* de Versailles, n° 1971, in-8.

3. *En pied*, costume in-8, vue de face, au bas 3 lig.

LORRAINE (LOUIS de), 2e du nom, cardinal de Guise, archevêque-duc de Reims, pair de France, com. du St-Esprit, frère de la précédente, né le 6 juil. 1555 à Dampierre, *Hte-Marne*, nommé archevêque en 1574, tué à Blois le 24 déc. 1588. Il posséda les abbayes de Fécamp et de Monstier-en-Der.

1. *Maurin*, imp. lith. de *Delpech*. In-fol. D. à dr.

2. Dans *Montfaucon*. T. v. pl. 43. In-fol.

3. Dans un *ovale* in-4, les noms en latin sur l'ovale et répétés

au bas en hollandais.

4. *Desrochers* ex. In-8. D. à dr.

5. *Æ.* pinxit, *Gaillard* sculp. In-8. Coll. *Odieuvre.*

6. Tableau du temps, *gal.* de Versailles. 1976, in-8.

7. *Harrewyn* f. aqua forti et sculp. In-8.

8. Thomas *de Leu* fe. excu. In-8, au bas 4 vers.

> Si vous avez encore aux prunelles des larmes.

9. C'est le n° 8, le nom du graveur a été supprimé, au bas 4 vers différents, signés P. A.

> Dedans le circuit d'vne ovale petite.

10. H. *P.* sur bois. In-8.

11. A. *Vallée* fe. In-8.

12. *Ovale* in-18, D. à dr., sur la tablette 2 lignes.

13. Carré in-32, D. à dr., au bas *Louis de Guyse.*

14. A genoux, dessin in-f. à la B. I., *Gaignières* T. 9, p. 26 A.

LORRAINE (HENRI I DE), dit *le Balafré*, duc de Guise, prince de Joinville, pair et grand maître de France, chev. des O. du roi gén. de ses armées, gouverneur de Champagne et de Brie, frère des précédents, né le 31 déc. 1550 à Joinville, *Hte-Marne*, tué à Blois le 23 déc. 1588.

Portraits in-folio.

1. Z^in *Belliard*, lith de *Delpech.*

2. Dans un carré, D. à dr. *Heinrich herzog von Guise.*

3. Par *Le Blond*, buste 1/2 nature, avec 4 vers :

> Voicy l'amovr dv peuple et l'apvy de l'églize.

4. *Porbus* pinx., R. lith.

Henri I DE LORRAINE, *dit le Balafré*, in-4.

5. G. *Tubino* dis., lith. de *Ballagny.*

6. *Mauzaisse*, lith. de *Delpech.*

7. Dans *Montfaucon*, T. V. pl.

8. *Ovale.* D. à dr., les noms sur l'ovale ; au bas 2 vers latins.

9. *Ovale.* D. à dr., les noms sur la bordure ; au bas 4 vers.

10. Dans un *ovale* à coins. D. à g., les titres en latin sur la bordure et répétés au dessous en hollandais.

Henri DE LORRAINE, *le Balafré*, in-8.

11. Gravé par *Adam.* In-8, D. à dr.

12. Dans un *carré.* D. à dr. ; au bas, 4 vers :

> C'est ainsy que les Dieux m'envoyent à la guerre.

13. Dans un *carré*, avec un bouclier sur lequel est gravée une bataille. D. à dr.; au bas, 4 vers :

La vertu, la grandeur et la sagesse conquise.

14. Composition du n° 13. D. à g.; au bas 4 vers :

Engeance de l'Hérèbe et des horreurs nuitalles.

15. Dans un *carré*, D. à dr. Dans le haut, sur la bordure : FEV M. LE DVC DE GVYSE; au bas 4 vers :

Reformez ce pourtraict, vous n'avez peint qu'un Mars.

16. Dans un *carré* sans fonds. D. à dr. (Pelée).

17. Tiré de la *Collect.* du château d'Eu, n° 1594.

18. *Vernier* del., *Collier* sc.

19. Thomas *de Leu* fe. et ex. Profil à g.; sur l'ovale : *Henri de Lorraine Sr de Ginvilles à présent duc de Guise.*

20. Thomas *de Leu* fe. et excu.; au bas 4 vers :

Engeance de l'Hérèbe et des horreurs nuitalles.

21. A Paris, chez *Desrochers, Daumont.* D. à dr.

22. *Dumoutier* del., C. *Dupuis* sculp. Coll. *Odieuvre.*

23. L. *G.* (*Gaultier*) fecit 1588; au bas 4 vers.

La vertu, la grandeur et la sagesse exquise.

24. *Marckl* del., *Goutière* sc.

25. F. *Gueraud* del., avec bouclier, lith.

26. F. *Guéraud* del., avec trophées sous le buste. Lith.

27. *Harrewyn* f. aqua forti et sculpsit. D. à dr.

28. *Hopwood* sc. D. à dr. Publié par *Furne.*

29. *Ovale.* D. à dr., au bas 4 vers signés P. A. :

D'un prince valeureus tu uois ici l'image.

30. *Ovale.* D. à dr., au bas les mêmes vers.

31. *Ovale.* D. à dr.; au bas 4 vers.

La terre se sentoyt infiniment heureuse.

32. *Pisan.* Sur bois.

33. *Profil* à dr. Dans un ovale, sur l'ovale : *Henri de Lorraine Sr de Ginville à présent duc de Guise.*

34. Dessin de *Robert*, sourd-muet, lith.

Henri DE LORRAINE, *le Balafré*, in-12-18 et en petit.

35. Dans la *chronologie* collée, n° 40. D. à dr.

36. *Copie* du n° 35. D. à g. N° 40.

37. *De Luc* (*Leu*) fecit, *Rabel* excu. D. à g.

38. Re. *Hogenbergius* fe.

39. E. del^t., *Landon* direx^t, ou in-8 avec encadrement.

40. *Médaille* et revers. Vu de 3/4 à g.

41. Dans un *ovale*. D. à dr.; sur la tablette 3 lig.

42. Dans un *ovale* sans fond, au trait. D. à g.

43. J. *Rabel* excudit. D. à dr.

44. Sur bois , à claire-voie. D. à g.

Henri DE LORRAINE , *le Balafré*, en pied.

45. *Dessin* in-f. à la B. I. *Gaignières*, T. 9 p. 26 B. Profil.

46. *Dessin* in-f. à la B. I. *Gaignières*, T. 9 p. 26 c. 3/4.

47. Dans *Schrenkius* , bordure cintrée, in-fol. D. à dr.

48. A. *Deveria* , L. *Chailly* , gravure in-4.

49. Dans une bordure *cintrée* , in-4. D. à dr. ; au bas 2 lig. lat.

50. H^te *L.* (*Lecomte*), lith. in-4

51. R. *Baron* del., C. *Mar* sc. In-4, *Anquetil*, p. 754.

52. L.-C., A. *B.* sc. In-4, sur bois avec A. *de Montmorency*.

Henri DE LORRAINE *le Balafré*, avec sa femme.

53. Gravé par *Conquy, Gal.* de Versailles, in-fol., *à genoux*.

54. Gravé par *Pigeot, Gal.* de Versailles, in-fol., *Couchés*.

55. *Audibran* sc., sur une feuille in-4.

56. *Copie* au trait, sur une feuille in-8.

Assassinat *d'Henri* DE LORRAINE *le Balafré*.

57. *Gravure* sur cuivre, in-folio oblong.

58. *Gravure* sur bois, in-folio oblong.

59. *Gravure* in-8 oblong, étendu par terre.

60. *Gravure* in-8, différente, composition du n° 59.

61. *Emy* del., E. *Monnin* sc., in-8 oblong pour *Anquetil*.

CATHERINE *de Clèves*, comtesse d'Eu, sa femme, veuve d'Antoine de Croy, prince de Portien, fille de *François* de Clèves, duc de Nevers et de *Marguerite* de Bourbon-Vendôme, mariée à Paris en 1570, m. à Paris le 11 mai 1633 à 85 ans.

1. 1588, L. *G.* (*Gaultier*) fecit in-8, P. *Gourdelle* excud.

2. *Dessin* in-fol. à la B. I., *Gaignières*, T. 9, p. 57, en pied.

3. *Gravure* in-f. à la B. I., maison de Croy, en pied. D. à dr.

4. H^te *L.* (*Lecomte*), lith. in-4, en pied.

5. Dans *Montfaucon*, in-4, en pied.

Et les numéros 53, 54, 55 et 56 de son mari.

LORRAINE (CHAR. de) , duc de Guise et de Joyeuse, prince de Joinville, souverain de Château-Regnaud , comte d'Eu , pair et grand maître de France, gouverneur de Provence, amiral des mers du Levant , chev. des O. du roi , fils des deux précédents .

né le 20 août 1571 à Joinville, *Hte-Marne,* m. à Cuna en Italie, le 30 sept. 1640.

1. (M. *Lasne*), *ovale* in-fol. D. à dr., au bas 3 lig.
2. Par *Leblond* in-fol., au bas 4 vers.
3. Dans les triomphes de *Louis-le-Juste*, in-fol.
4. A Paris, chez *Daret*, in-4.
5. H. *Jacopsen* excudet in-4.
6. Dans un *ovale* in-4 D. à dr., au bas 4 lignes françaises.
7. *Ovale* à coins in-4, D. à dr., les noms en latin autour.
8. Dans un *ovale* in-4, D. à d., les noms en français sur la bordure, sur la marge 2 vers latins.
9. Dans un *ovale* in-4, D. à g.; sur l'ovale : *Carolus Lotharingius, dux Guisiæ, gub. Provinciæ.*
10. Dans un *ovale* in-4, D. à g., les noms en français sur l'ovale, sur la marge 2 vers latins, h. 157 *m.,* l. 122.
11. *Franco forma.* In-8.
12. Léonard *Gaultier* fecit in-8, au bas 4 vers :

Son grand-Père entre ces hauts faits

13. Tho. *de Leu* fe. in-8, au bas 4 vers :

L'Espagnol triomphoit de Marseille captive.

14. B. *Moncornet* excudit in-8.
15. *Ovale* sans fonds in-8, D. à g, copie du nº 13.
16. Th. *de Leu* fe. dans un carré in-18, au bas 4 vers :
17. Mich. *Van Lochom* excud. In-8, au bas 4 vers.

Soubs un armet d'assier voy le fils de Bellone.

LORRAINE-AUMALE.

LORRAINE (CLAUDE DE), duc d'Aumale, pair et grand veneur de France, chev. de l'O. du roi, colonel-gén. de la cavalerie légère, lieut-gén. au gouvernement de Bourgogne, fils de *Claude* de Lorraine, duc de Guise, et d'*Antoinette* de Bourbon, né le 1 août 1526 à Joinville, *Hte-Marne,* tué d'un coup de canon au siège de La Rochelle le 14 mars 1573.

1. *Mauzaisse* lith. in-4, dirigé à droite.
2. *Profil* à droite, médaille et revers in-8.
3. *Profil* à droite, médaille et revers in-18.
4. L. *Massard* del. sculp. in-8, en pied, costume nº 6.

LYON (NIC.), 81e maire de Troyes, reçu en 1695, exerça jusqu'en 1707, rappelé en 1708, m. à Paris en 1709.

Lud. *Herluyson* pinxit, Cl. *Duflos* sculp. 1705 in-fol.

M.

MABILLON (DOM JEAN), bénédictin, illustre par sa science et son humilité, né le 23 nov. 1632 à St-Pierre-Mont, *Ardennes*, m. le 27 nov. 1707 dans l'abbaye de St-Germain-des-Prés à Paris.

1. B. *Picart* f. 1709, *dessin* in-fol. à la B. I., E d. 62.

2. *Ovale* dans un passepartout in-f., sur la tab. D. MABILLON.

3. Car⁵ *Simonneau* delineavit et sculpsit in-fol.

4. *Profil* à dr., ovale avec emblêmes in-fol., copie du n° 3.

5. H. *Garnier* lith. in-4, *galerie* universelle.

6. *Hallé* pinx., *Loir* sculp. in-4.

7. *(Habert)* ovale in-4, h. 208 *m.*, l. 150, D. à g., les titres autour.

8. Imp.-lith. *Perrot* in-4, D. à dr., *gloire* du clergé.

9. A Paris, chez *Crépy*, in-8, une plume à la main.

10. Gravé par E. *Desrochers* in-8.

11. F. *H.* pinxit, *Gaillard* sculp. in-8, coll. *Odieuvre*.

12. *Ovale* in-8, 3/4 à g., les titres en latin sur l'ovale, et sur la tab. 2 vers latins signés *J. Carage*.

MABILLON in-12, in-18 et en petit.

13. Engraved by George *Cooke*, from a print.

14. P.-Franç. *Giffart* sculp. D. à droite.

15. E. *H.* pinxit, *Landon* direx., avec encadrement in-8.

16. *Ovale* à moulures et coins posant sur des livres, h. 139 *m.*, l. 82, sur la tab. 2 lig. D. à dr.

17. *Profil* à g., sur la tab. 4 lig. lat., h. 134 *m.*, l. 81.

18. Car. *Simonneau* delineavit et sculp.

MACDONALD (ET.-JAC.-ALEXAN.) duc de Tarente, pair et maréchal de France, ministre d'Etat, grand chancelier de la lég.-d'honneur, ancien gén. en chef de l'armée des Grisons, de Rome et de Naples, né le 17 nov. 1765 à Sedan, *Ardennes*, m. au château de Courcelles, près Gien, le 7 sept. 1840.

1. *Bazin* aîné del., lith. de *Feillet* in-fol.

2. *Carrière* 1834, lith. in-fol.

3. *C.-L.-P. (Crespy-le-Prince)* 1820, lith. de C. *Motte* in-fol.

4. H. *Grevedon* 1824, i. lith. de *Delpech* in fol.

5. *(Levachez)* avec vignette par *J. D. B.* et texte in-fol.

MACDONALD, portraits in-4.

6. *Vigneron* del. Frédéric *Lignon* sculp.

7 *R.* lith. de *Villain*, regarde à dr.

8. P. *Guérin* pinx^t, *Renard* sculp^t

MACDONALD, portraits in-8.

9. *Bonneville* sculp. D. à dr.

10. Peint par *Rioult*, gravé par *Collin, gal.* de Versailles.

11. *Couché* fils sc., publié par Ambr^se *Dupont*, D. à g.

12. Copie du n° 11, même sens, h. 90 *m.*, l. 96. MACDONALD.

13. Imp. lith. de *Delpech*, regarde à g.

14. *Eau forte* sans fonds, dirigé à dr.

15. *Eau forte*, regarde à dr., au bas 2 lig.

16. Tony *Goutière*, publié par *Furne.*

17. *Hüllmann* sc., ovale, au bas 2 lig. allemandes.

18. *Lambert* fecit, Ambroise *Tardieu* direxit.

19. A Paris, chez l'*auteur*, rue de Touraine.

20. A Paris, chez l'*auteur*, rue des Francs-Bourgeois, reg. à g.

21. *Porinet* sc., au trait, tourné à dr.

22. *Porret* sur bois, dirigé à gauche.

23. La tête au point, reg. à g., D. à dr. *Macdonald.*

MACDONALD, portraits in-12, 18 et en petit.

24. *Forssell* sculp^t, regarde à g.

25. *Le Vachez* pinx. et sculp., D. à dr.

26. *Lith.* au trait, regarde à dr., M^al MACDONALD.

27. *Ovale* de 2 traits, sans fonds, D. à g., MACDONALD.

28. U. *Boze* del., T.-V. *Poll* sculp.

MACDONALD, portraits en pied.

29. A Paris, chez *Esbrard* in-fol.

30. *Aubry* pinxit, *Hocquart* sculpsit in-fol.

31. Dessiné d'après nature par Ursule *Boze*, f^me *Le Jean*, gravé par F^ois *Maradan* in-fol. major.

32. Peint par *Casanova, gal.* de Versailles 1545, in-4.

33. *Victor*, lith de *Mendouze* in-4, une pioche à la main.

34. *Gal.* historique, lith. dans un carré in-8.

35. *Casanova* pinxit, *Rouargue* sc. in-8.

36. *Copie* au trait du n° 35, in-18.

37. J.-B. *Pfitzer* sc. Paris, in-18.

MACDONALD, portraits à cheval.

38. A Paris, chez *Jean* in-fol. D. à dr.

39. Louis *David* pinxit, H. *Robinson* sc. in-4.

M{sc}ACDONALD avec divers.

H{sup}se Couché del., Réville sculp., dans la France pittoresque in-4, avec Mortier, Moncey et Soult.

A Paris, chez Jouy in-fol., avec 17 maréchaux de France, Mortier est le 1{sup}er, Jourdan le dernier.

MAGIN (A{sc}NTOINE}), grammairien, né en 1770 à Wassigny, Ardennes, mort en 18..

Dess. et gravé par Bouchardy, profil à g. In-18, le revers de son habit est orné de 2 palmes brodées.

MAHOU (P{sc}IER}.-F{sc}RANÇ}.), sous-directeur de l'administration des postes, off. de la Lég.-d'honneur, né le 1{sup}er sept. 1775 à Rosoy, Seine-et-Marne.

Victor Dollet, lith. Rigo frères et c{sup}ie In-4.

MALMY (D{sc}OM}. E{sc}T}.), abbé de la trappe d'Aiguebelles, né à Reims, Marne, m. en av. 1840 à l'âge de 96 ans.

A{sup}te Legrand, lith. in-8.

MALOT (V{sc}INCENT}), instituteur à Troyes, né le 21 août 1780 à Troyes, Aube, m. à Troyes le 5 fév. 1851.

Fichot del., Savoye lith. In-12.

MANGIN (N{sc}IC}.), maire de Mouzon, né le 16 janvier 1744 à Varennes-en-Clermontois, Meuse, dép. du tiers-état du bailliage de Sedan à l'Ass. nat. de 1789, m. à Mouzon le 20 nov. 1809.

1. Moreau del. in-8, dessin à la B. I., N f. 62 c.

2. Moreau del., Desliens sculp. In-8, coll. Dejabin.

MARION (L{sc}ÉONARD}), vicaire gén. de Troyes, chanoine honoraire de la cathédrale, curé de Ste-Madeleine, né le 6 nov. 1791 à Troyes, Aube, m. le 8 nov. 1850.

1. Fichot del, lith. in-fol. imp. Lemercier.

2. E. Vaudé del., A. S. lith. in-12.

MARTIN IV (Simon de Brie ou Brion, pape, sous le nom de), né dans la commune d'Andrezel, Seine-et-Marne, fut chanoine et trésorier de St-Martin de Tours, chancelier de France en 1260 sous St-Louis, créé cardinal en 1261, élu pape le 22 fév. 1281, m. à Pérouse le 28 mars 1285.

1. Bourgerie, lith. in-4.

2. Dans l'histoire des cardinaux de F. Du Chesne, in-4.

3. Médaillon in-4, dans l'histoire des papes, Venise, dominico Ferrarin 1760-3.

4. Dans l'histoire des papes de J.-B. Cavalleriis, in-8.

5. Dans l'histoire des papes de l'abbé *Novaes*, in-8.

6. Dans l'histoire des cardinaux de l'abbé *Roy*, in-8, t. 4.

7. Dans un *rond* in-8, D. à dr., au bas 4 lig. lat.

8. Dans l'histoire des papes de *Du Chesne*, sur bois, in-12.

9. Dans un *carré* in-18, D. à d.; au bas : *Simon de Brie*.

10. Dans la *chronologie* collée in-18, suite des chanceliers.

11. *Copie* sans fonds du n° 10, in-18.

MARTIN (LOUIS-FRANÇ.), prédicateur, curé de St-Louis-d'Antin, chanoine honoraire des métropoles de Paris, Lyon et Reims et de St-Denis, né le 5 juin 1792 à Noirlieu, *Marne*, nommé curé de St-Jacques-du-Haut-Pas en 1840, transféré à St-Louis-d'Antin.

1. Lith. H. *Jannin*, in-fol.

2. Imp. par *Fernique*, lith. in-4, *gal.* du j^{al} des prédicateurs.

3. *Pidoux* 1841, lith. in-4.

MARTINEAU (LOUIS-SIMON), ancien avocat, né le 28 oct. 1733 à Villeneuve-le-Roi, *Yonne*, dép. du tiers-état de Paris à l'Ass. nat. de 1789, nommé en 1791 président du tribunal criminel de l'Yonne, après le 18 brumaire vice-président de la cour criminelle de Paris et ensuite président, juge au tribunal d'appel le 3 avril 1800, m. à Paris en 1810.

1. *Moreau* del., in-8, *dessin* à la B. I., N f. 62 c.

2. *Moreau* del., *Texier* sculp., In-8, coll. *Dejabin*.

MARTINET (J.-F.), chanoine régulier de la congrégation de France, prieur curé de Daon, né le 19 av. 1753 à Epernay, *Marne*, dép. du clergé de la sénéchaussée d'Anjou à l'Ass. nat de 1789, nommé curé de St-Leu à Paris, passé à la cure de St-Laurent en 1821, m. à Paris le 30 mai 1836.

1. *Dessin* in-4 à la B. I., N f. 62 d b.

2. *Dessin* in-8 par *Labadye* à la B. I., N f. 62 c.

3. *Labadye* del., *Voyez* sc. In-8, coll. *Dejabin*.

4. Jal. *B. Y.*, lith. de C. *Motte*. In-4.

MATHIEU, cardinal, né dans le diocèse de Reims, nommé fort jeune clerc de l'église de Laon, puis chanoine de l'église de Reims, il abandonna ce bénéfice pour prendre l'habit de religieux au monastère de St-Martin-des-Champs dont il devint prieur, il fut député auprès d'Honoré II, ce pape le créa cardinal en 1125 et le nomma légat en divers pays, il m. à Pise le 24 déc. 1134, fut enterré dans l'église de St-Frigdian.

Carré in-18, D. à dr., au bas : *Mathieu du diocèse de Reims*.

MAUGRAS (J.-BAPT.), docteur ès-lettres, of. de l'université, professeur de philosophie au collège Louis-le-Grand, chev. de la Lég.-d'honneur, né le 11 juil. 1762 à Fresnes, *Hte-Marne*, m. à Paris le 17 fév. 1839.

1. *Lecler* 1830, lith. in-fol.

2. Dess. et gravé par *Quenedey*, profil à g., in-18.

MAUPAS (CHAR. *Cauchon* de), chev., baron du Tour, seig. dudit Maupas, du Cosson, Montaneux et St-Imoges, capitaine d'une compagnie de chevau-légers, conseiller d'Etat, ambassadeur en Angleterre, né en 1556 à Reims, *Marne*, m. en 1629 doyen du conseil de Lorraine; il est auteur de poésies.

Ferdinand pinx., *Regnesson* sculp. in-4.

Anne DE GONDY sa femme, fille de *Jerôme II* de Gondy et de *Louise* Bonacorsi.

M. *Lasne* fe. ex. In-fol.

MAUPAS (HENRI *Cauchon* de) *du Tour*, docteur de Sorbonne, évêque d'Evreux, abbé de St-Denis de Reims, conseiller du roi, 1er aumônier d'Anne d'Autriche, fils des deux précédents, né au Cosson, *Marne*, nommé évêque du Puy en 1641, transféré à Evreux en 1661, m. à Evreux le 12 août 1680.

1. M. *Lasne* deline. et fecit 1645, in-f. Evêque du Puy.

2. *Lulie* ex., ovale avec moulures, cartouches avec devises dans les coins, in-fol. D. à d.

3. Dans un *carré* in-4, D. à dr., au bas 4 vers.

> On ne verra jamais un homme plus parfait.

4. A Paris, chez *Daret* 1654 in-4, chez L. *Boissevin*.

5. *Moncornet* ex. in-8, ovale seul.

6. *Paillet* Jn., G. *Vallet* sculp. thèse in-f., à genoux aux pieds d'Alexandre 7, montrant le portrait de St-François de Sales.

7. F. C. *(Chauveau)* in., J. *Boulanger* fe. in-4, à genoux, profil à g. présentant à Alexandre 7 la vie de St-François de Sales.

MAUPAS (CHARLEMAGNE-ÉMILE de) sénateur, com. de la Lég.-d'honneur, ancien avocat, né le 18 déc. 1818 à Bar-sur-Aube, *Aube*, attaché au ministère de l'intérieur en 1840, sous-préfet d'Uzès en 1844, de Beaune en 1846, de Boulogne et préfet de l'Allier en 1849, préfet de la Hte-Garonne en 1851, de police la même année, ministre de la police en 1852, ambassadeur à Naples et créé sénateur en 1853.

1. Melle *Flavie*, lith. *Beaugean*. In-fol., 3/4 à dr.

2. E. *Desmaisons* del., lith. in-4.

3. *Philippoteaux* del., *Ramus* sc., in-4, assis.

MEHÉE DE LA TOUCHE (JEAN-CLAU.-HYP.), secrétaire gén. de la commission des armées, né en 1760 à Meaux, *Seine-et-Marne*, m. à Paris le 12 fév. 1826.

Profil à dr. au physionotrace in-18, avec cette épigraphe : *Vivit patriæ carisque propinquis.*

MÉHUL (ET.-NIC.), célèbre musicien compositeur, membre de l'Institut et de la lég.-d'honneur, né le 26 juin 1763 à Givet, *Ardennes*, m. à Paris le 18 oct. 1817.

1. Z^{in} *Belliard* lith. in-fol.

2. Jul. *Boilly* 1824, lith. in-fol.

3. T. *C.* lith. *Quillet* in-fol. *Panthéon musical.*

4. F. *C.* imp. lith. de *Senefelder* in-fol., D. à dr.

5. *Maurin* imp. lith. de *Langlumé* in-fol.

6. *Legrand* lith. in-4°.

7. Dess. au physionotrace et gravé par *Quenedey* 1808, in-4°.

8. L. *M.* lith. de *Delpech* in-8.

9. T. *C.* lith. *Guillet*, 3/4 à dr., in-8.

10. Dessiné par A. *Guilleminot*, gravé par *Le Clerc*, in-4 assis.

11. Dans la France pittoresque sur une feuille in-4, avec *Berton*, *Boieldieu* et *Hérold*.

MENAGER (ANT.-J.-FRANÇ.), baron, propriétaire et négociant, dép. du tiers-état du bailliage de Meaux à l'Ass. nat. de 1789, et du départ. de Seine-et-Marne à diverses assemblées législatives, né le 17 janv. 1756 à Germigny-Lévêque, *Seine-et-Marne*, mort à Germigny-Lévêque le 1 fév. 1826.

1. *Labadye* del. in-8, *dessin à la B. I.*, N f. 62 c.

2. *Moreau* del., *Letellier* sc. in-8, coll. *Dejabin.*

3. *Labadye* del., *Texier* sc. in-8, coll. *Dejabin.*

4. Suite de *Tardieu*, ovale in-8. D. à dr., au bas 3 lig.

MENESSIER (ANT.), architecte, né à Reims, *Marne*.

(*M. Lasne*), ovale sur piédestal, h. 239 *m.*, l. 174, D. à g.

MENNESIER (JOS.), administrateur du dépt. de l'Aube, juge au trib. de Troyes, dép. de l'Aube au corps législatif en l'an 7, sorti en 1803, né le 8 av. 1756 à Chennegy, *Aube*, m. à Troyes le 12 mars 1808.

Gonord profil à dr. in-18, n° 47, rond à coins marbrés.

MENTEL (JAC.) *Mentelius*, docteur médecin de la faculté de Paris, auteur d'un ouvrage sur l'origine de l'imprimerie, né en 1597 à Château-Thierry, *Aisne*, m. à Paris en 1670.

R. *Lochon* ad viuum delin. et sculp. In-fol.

MENU DE CHOMORCEAU (Jⁿ-Et.), poëte et littérateur, lieut.-
gén. du bailliage de Villeneuve-le-Roi, né le 23 mai 1724 à Villeneuve-le-Roi, *Yonne*, dép. du tiers-état du bailliage de Sens à
l'Ass. nat. de 1789, m. à Villeneuve-le-Roi le 30 sept. 1802.

1. *Dessin* in-4 à la B. I., N f. 62 db.
2. *Lambert* del., *Allais* sculp. in-4, col. *Le Vachez*.
3. *Labadye* del. in-8, *dessin* à la B. I., N f. 62 c.
4. *Labadye* del., *Voyer* sculp. in-8, coll. *Dejabin*.

MAISON DE MESGRIGNY.

MESGRIGNY (JEAN VIII m^{is} de), seig. de Vandeuvre, vicomte
de Troyes, baron de Colombey, fils de *Jean* VII et de *Marie*
Bouguier, né en 160., reçu conseiller au grand conseil en 1624,
grand rapporteur à la chancellerie en 1627, maître des requêtes
en 1634, nommé intendant d'Auvergne et de Bourbonnais, premier président au parlem. de Provence en 1645 jusqu'en 1655,
conseiller d'Etat réservé en 1657, m. sous-doyen le 26 av. 1678,
inhumé dans la paroisse St-André-des-Arts à Paris.

1. *Dessin* à l'encre de Chine in-4 à B. I, N a 56 +
2. J. *Cundier* sculpsit 1724 in-fol.
3. Jean *Daret* pict. del., M. *Frosne* scul. in-fol.
4. Jean *Daret* del., R. *Nanteuil* sculpebat in. fol.

MESGRIGNY (Jos.-IGNACE-J.-B. de), vicomte de Troyes, baron
de l'Orme, seig. de Chameçon, évêque de Grasse, fils du précédent, né en 1653 à Aix, *Bouches-du-Rhône*, entre dans l'armée,
devint mestre-de-camp de cavalerie, quitta le service pour se
faire capucin, fut nommé évêque de Grasse en 1711, m. à Grasse
le 2 mars 1726.

1. *Rigaud* pinx., J. *Coelemans* sculpsit 1714, in-fol.
2. A Paris, chez *Masson*, in-fol. D. à dr., genre d'*Habert*.
3. Gravé par E. *Desrochers* in-8.

MESGRIGNY (JAC. de), président à mortier au parlement de
Rouen, ensuite conseiller d'honneur au parlem. de Paris, 3e fils
de *Jean* VII, né en 160., marié en 1644, m. en 16..

Ferdinand *Les* pinxit, Gab. *Lebrun* sculpsit ovale in-f. D. à g.
avec cette devise : *Deus fortitudo mea.*

BRANCHE DE SAVOYE-VILLEBERTIN.

MESGRIGNY (LOUIS-MARIE marquis de), colonel d'infanterie,
premier major au régiment des gardes, né le 21 av. 1745 au châ-

teau de Villebertin, *Aube*, dép. de la noblesse de la sénéchaussée de Troyes à l'Ass. nat. de 1789, émigre en 1791, rentre en 1800, nommé maréchal-de-camp en 1815, m. à Troyes en 1822.

1. *Dessin* in-8 à la B. I., N f. 62 c.

2. *Perrin* del., *Voyez* sc. in-8, coll. *Dejabin*.

Anne-Edmé MARCHAL, femme du précédent, né en 17.

Au physionotrace, profil à g. dans un ovale, h. 86 *m.*, l. 79. ; elle porte bonnet, cheveux frisés, canezou avec collerette et jabot.

MESLIER (JEAN), curé d'Estrépigny, connu par un ouvrage intitulé *Mon Testament*, né en 1678 à Mazerny, *Ardennes*, m. en 1733.

Ovale in-12, h. 112 *m.*, l. 67. D. à g. ; sur la tab. J. MESLIER.

MICHEL (ANT.-VICTOR), curé doyen d'Epernay, né le 3 oct. 1802 à Isle-sur-Marne, *Marne*, m. à Epernay le 6 déc. 1843.

Dessiné et lith. par Mr *St-Ange Poterlet* in-4.

MICHELIN (ANNE), veuve de Gilles Gouault, conseiller et ancien échevin de Troyes, m. le 5 jan. 1680, âgée de 65 ans, après avoir vécu dans une grande piété.

Cl. *Mellan* del., Cl. *Duflos* sculp. in-fol.

MIGNARD (NIC.), peintre d'histoire et de portraits, recteur de l'Acad. royale de peinture et sculpture, né en en 1608 à Troyes, *Aube*, m. d'hydropisie en 1668 à Paris, enterré dans l'église des Feuillants.

1. M. *Aubert* sc. in-12, dans d'*Argenville*.

2. G.-C. *Kilian* f. in-12.

MIGNARD (PIER.), écuyer, premier peintre du Roi, membre, professeur, directeur et chancelier de l'académie royale de peinture et sculpture, frère du précédent, né en 1610 à Troyes, *Aube*, m. le 29 mai 1695 à Paris.

1. *Mignard* pinx., Zn *Belliard* lith. in-fol.

2. *Seipse* pinxit, *Edelinck* sculp. in-fol.

3. *Maurin*, i. lith. de *Delpech* in-fol.

4. Peint par son ami Hyacinthe *Rigaud* en 1691 , gravé à Paris par Georges-Frédéric *Schmidt* en 1744 in fol.

5. P. *Mignard* pinxit, C. *Vermeulen* sculpsit 1690 in-f.

6. *Menut-Alophe* del. lith. in-4.

7. H. del., G Batta *Cecchi* sc. petit in-4.

8. H. *Rigaud* pinx., D. *Midy* 1839, gravure in-4.

9. Hiacinte *Rigaud* pinx., *Fiquet* sculp. in-8.

10. Dessiné par *Maltebrun*, gal. de Versailles in-8.

11. P. *Mignard* pinx., R. *Hecquet* sculp. in-8.

12. H. *Rigaud* pinx., chez *Petit*, chés *Daumont* in-8.

13. L. *M.* (*Maurin*) imp. lith. de *Delpech* in-8.

14. P. *Mignard* pinxit, J.-C. *Philips* sculp. 1730 in-8.

15. Dans d'*Argenville* in-12 dirigé à g.

16. G.-C. *K.* f. in-18.

17. *Mignard* pinx, *Landon* direx. in-18 ou in-8.

18. *Mignard* p., *Reveil*, gravure au trait in-18.

19. Procédé de A. *Collas* avec divers, pl. 30, 3e partie des médailles françaises in-fol.

20. Dessiné par *Garnier*, gravé par *Pedretti*, *gal.* de Versailles
2406, sur une feuille in-4 avec *Lebrun*.

21. Hse *Couché* del., *Réville* sculp. in-18, avec *Thénard* dans la
France pittoresque.

Et les portraits indiqués ci-dessous avec sa fille.

MIGNARD (CATHERINE), comtesse de Feuquières, fille du précédent, morte à Paris le 2 fév. 1742 à 90 ans.

1. Peint par *Mignard*, gravé par *Avril* en 1808, in-f. en vierge.
Catherine MIGNARD avec son père.

2. Peint par P. *Mignard* et gravé par J. *Daullé* en 1735 in-fol.

3. P. *Mignard* p., A.-H. *Cabasson* d., J. *Gauchard* sc. in-4,
sur bois.

4. F. *Girardet*, *Trichon* sc. in-4, sur bois.

MIGNARD (JAC.), littérateur, né le 10 août 1746 à Chassinelle,
Yonne, mort en 18...

Labrousse del. et sculp. an 6 de la république, in-8.

MILHOUX (GAB.-THIMOTHÉE), avocat, agriculteur, dép. de la
Hte-Marne à l'Ass. nat. de 1848, né le 24 jan. 1798 à Genrupt,
Hte-Marne.

Lith. d'après nature par Tony *Toullion*, in-4, col. *Basset*.

MILLARD (JEAN-AUG.) bibliophile, ancien négociant, né le 1er
janv. 1802 à Troyes, *Aube*, dép. de l'Aube à l'Ass. nat. de 1848.

1. Paris, Vor *Delarue*, imp. *Kaeppelin*, lith. in-fol.

2. Lith. d'après nature par *Loire*, in-4, col. *Basset*.

MILLET DE LA MAMBRE (JEAN-FRANÇ.), lieut.-gén. du bailliage
de Mohon, né à Sedan, *Ardennes*, le 4 fév. 1736, dép. du tiers-
état du bailliage de Sedan à l'Ass. nat. de 1789, nommé juge au
tribunal civil de Charleville en 1800, m. à Mézières le 3 déc. 1815.

1. *Sandoz* del. in-4, *dessin* à la B. I., N f. 62 d b.

2. *Duval* del. in-8, *dessin* à la B. I., N f. 62 c.

3. *Perrin* del., *Courbe* sc., in-8, coll. *Dejabin.*

MILLOT (GUSTAVE-FRANÇ.), littérateur, né le 29 août 1818 à Troyes, *Aube*, m. à Troyes le 9 avril 1837.

Paul *Pesme* lith. in-12, h. 93 *m.*, l. 85, 3/4 à g.

MIREMONT (Jⁿ-FRANÇ.-CHAR.-ALPH. comte de), cap. au régiment des chasseurs du Languedoc, né le 11 déc. 1755 à Reims, *Marne*, dép. de la noblesse du bailliage du Vermandois à l'Ass. nat. de 1789 , m. à Reims le 8 oct. 1815.

1. *Dessin* à la B. I., N f. 62 c.

2. *Labadye* del., *Courbe* sculp. in-8, coll. *Dejabin.*

MOIVRE (ABRAH.), géomètre et écrivain , né le 26 mai 1667 à Vitry, *Marne*, m. à Londres le 27 nov. 1754.

Jos. *Higmore* pinx. 1736, J. *Faber* fecit in-fol.

MONFRABEUF (LOUIS de), seig. des Petites-Armoises, ancien garde-du-corps du roi, pensionnaire de S. M., littérateur, *R. D. R. D. J.*, né le 30 av. 1724 à Thenorgues, *Ardennes*, m. à La Motte-Querry le 14 juil. 1792.

1. *Guyot* sc. in-8, au bas *R. D. R. D. J.*

2. *Mansa* sc. in-8, dans le réformateur de la Patrie 1788.

MONGIN (EDME), évêque de Bazas, membre de l'Acad. française, né en 1668 à Baroville, *Aube*, reçu à l'Acad. en 1708, sacré en 1725, m. à Bazas le 6 mai 1746.

Gravé par *Petit* in-4.

MONNEL (SIMON-EDME), curé de Valdelancourt, né le 27 oct. 1747 à Bricon, *Haute-Marne*, dép. du clergé du bailliage de Chaumont-en-Bassigny à l'Ass. nat. de 1789, du départ. de la Haute-Marne à la Convention, nommé commissaire du Directoire exécutif en 1795, banni en 1816, m. à Constance en nov. 1822.

Perrin del. in-8, *dessin* à la B. I., N. f. 62 c.

MONTAGNAC(FRANÇ.-JOS.-LUCIEN de), lieut.-colonel au 15ᵉ léger, chev. de la lég.-d'honneur, né le 17 mai 1803 à Pouru-aux-Bois, *Ardennes*, tué au combat de Djemma-Ghazaouat le 22 sept. 1845.

E. *B* , sur bois in-8 D. à g.

MONTROL (FRANÇ., MANGIN DE), poète, littérateur, historien, né le 17 août 1798 à Langres, *Hte-Marne*, dép. de ce dépᵗ à l'Ass. nat. de 1848.

1. Lith. de *Becquet* frères, in-fol. Coll. *Delarue.*

2. Lith. d'après nature par *Bayalos*, in-4. Coll. *Basset.*

MORISOT-GRATTEPAIN (JAC.-PHILIP.), maire de Balnot-sur-Laignes, dép. de l'Aube au Corps législatif en 1803, sorti en 1807, né le 30 mai 1754 à Artonay, *Yonne*, m. à Balnot le 15 oct. 1823.

Dess. et gravé par *Quenedey*. In-18, lettre *Q*. 7.

MORLOT (FRANÇ.-NIC.-MADELEINE), cardinal-archevêque de Tours, com. de la Lég.-d'Honneur, né le 28 déc. 1795 à Langres, *Hte-Marne*, nommé évêque d'Orléans en 1839, archevêque de Tours en 1842, créé cardinal en 1853.

1. Dessiné par C.-A. *Bourgade*, lith. par *Clarey-Martineau*, in-f.

2. M. *Alophe*, lith. in-8, évêque d'Orléans.

3. *Sur bois* in-8, vu de face, au bas 3 lig.

4. *Tailland* sc. In-18.

MOUGEOTTE (PIER.), procureur du roi à Chaumont, né le 7 jan. 1755 à Vignes, *Haute-Marne*, dép. du tiers-état du bailliage de Chaumont-en-Bassigny à l'Ass. nat. de 1789, élu juge du tribunal de Chaumont, ensuite président, et enfin procureur impérial près le même tribunal, dép. de la Haute-Marne en 1815 pendant les Cent jours, m. à Humberville le 22 novembre 1816.

1. *Labadye* del. in-8, *dessin* à la B. I., N f. 62 c.

2. *Labadye* del., *Letellier* sc. In-8, Coll. *Dejabin*.

MOUSTALON (J.-BAPT.), littérateur, professeur de littérature, chef d'institution à Versailles, né en 1753 à Epernay, *Marne*, m. après 1825.

Ambroise *Tardieu* direxit, in-8 ; au bas , MOUSTALON.

MOUTIER (GUIL.-NIC.-PANTALÉON), lieut. gén. au siége de Sézanne, dép. du tiers-état du bailliage de Sézanne à l'Ass. nat. de 1789.

Dessin in-8 à la B. I., N f. 62 c.

N

NANQUETTE (JEAN-LOUIS), supérieur du petit séminaire de Charleville, puis curé de la paroisse Saint-Jacques de Reims , né le 18 nov. 1796 à Fumay, *Ardennes*, m. à Reims le 14 déc. 1835.

Francis *C*. 1836, lith. in-fol.

NANTEUIL (ROBERT), peintre au pastel et célèbre graveur , poète, dessinateur et graveur ordinaire du roi, né en 1630 à Reims, *Marne*, m. à Paris le 18 déc. 1678 , enterré sous l'orgue de l'église St-André-des-Arts.

1. Gio. dom. *Campiglia* del. et sc. In-fol.

2. *Nanteuil* se ipse delin., *Edelinck* sculp. In-fol.

3. Se trouve chez *Sudré* , lith. de C. *Constans*. In-fol.

4. Publié par *Blaisot*, lith. de *Ducarme*, Gal. universelle. In-4.

5. *H*. del., Ben. *Fredi* sc., in-4.

6. Roberto *Nanteuil* dip. V. *Gozzini* dis., *Lasinio* figlio inc. In-8, au trait, dans un carré. D. à dr.

7. *Nanteuil* se ipse del., A. *Romanet* sculp., in-8.

8. *Nanteuil* del., *Landon* direx. In-18 avec encadrement in-8.

NIVELLE (Pier.), évêque de Luçon, abbé de St-Sulpice de Bresse, 53e gén. de l'O. de Citeaux, né en 1581 à Troyes, *Aube*, prend l'habit de Citeaux à 15 ans, est reçu docteur de Sorbonne à 22, gén. de Citeaux en 1625, donne sa démission en 1635, nommé évêque de Luçon en 1637, m. à Luçon le 11 fév. 1660 âgé de 79 ans, inhumé à l'aumônerie de cette ville.

1. *Lasne* deli. et f. 1651, ovale in-fol. D. à g.

2. A Paris, chez Pierre *Mariette*. In-4.

NORBLIN (Jean-Pier.), peintre et graveur à l'eau-forte et à l'aquatinta, né en 1745 à Missy-sur-Yonne, *Seine-et-Marne*, m. à Paris en 1829.

1. Dans un *carré*, h. 136 *m*. l. 150. D. à dr., son châssis à sa g.

2. *Norblin* fecit 1778, eau-forte, in-8. D. à g., h. 119 *m*. l. 106.

NOUE (Sauvé de la), V. Sauvé.

O

OPOIX (Christo.), pharmacien, chimiste, inspecteur honoraire des eaux minérales de Provins, membre de plusieurs académies et de la société des antiquaires de France, dép. de Seine-et-Marne à la Convention nat., né le 28 fév. 1745 à Provins, *Seine-et-Marne*, m. à Provins le 12 août 1840.

1. Imp. de *Billar* del , Lith. in-8.

2. Lith. de *Cardon* à Troyes. Profil à dr., in-8.

3. *Collet*, A. *Leroux* del. Lith. in-8.

4. *Petit-Ballet* del., lith. de G. *Engelmann*. In-8.

ORIGNY (Ant.-J.-Bapt.-Abrah. d'), conseiller en la cour des monnaies, littérateur, membre de plusieurs académies, né en 1735 à Reims, *Marne*, m. en 1798.

C. F. *Le Tellier* del. et sculp. In-8.

ORRY (Philibert), chevalier et comte de Vignory, contrôleur gén. des finances, ministre et secrétaire d'état, né en 1697 à Troyes, *Aube*, nommé intendant de Soissons en 1725, de Perpignan en 1727, de Lille en 1730, contrôleur gén. des finances le 17 mars 1730, ministre d'État en 1736, contrôleur gén. des bâtiments en 1737, m. dans sa terre de La Chapelle, le 9 nov. 1747.

1. Peint par Hyacinthe *Rigaud*, gravé par *Lépicié* 1737, in-fol.

2. L. *Cars* fil. ad vivum pinx. et sculp., in-fol.

3. Peint par H. *Rigaud*, *Gal.* de Versailles, 2576, in-4.

4. A Paris, chez *Crépy*, de 3/4 à g. In-8.

OUDOT (M^r ou Mme), imprimeur et libraire à Troyes.

1. *Sur bois*, dans un *carré* in-8 ; au bas :

> Voy dans les traits que tu contemples,
> Un imprimeur loyal et sans ambition.
> A tes pareils Oudot tu serviras d'exemples,
> Un imprimeur doit faire impression.

2. Sur bois, dans un *carré* in-18 ; au bas les mêmes vers.

Portraits satyriques.

P

PACHE (Jean-Nic.), ministre de la guerre en 1792, maire de Paris en 1793, né en 1746 à Thym-le-Moutiers, *Ardennes*, m. sur la fin de 1823 à Thym-le-Moutiers.

1. Zⁱⁿ *Belliard*, i. lith. de *Delpech*, in-fol.

2. Lith. de *Delpech*, in-8.

PAILLOT de Montabert (Jac.-Nic.), homme de lettres, peintre, élève de David, né le 6 déc. 1771 à Troyes, *Aube*, m. le 6 mai 1849 à St-Martin-ès-Vignes.

1. Peint par Paul *Carpentier* 1834, lith. par *Aubry Lecomte* 1843 in-fol.

2. P. *Carpentier* pinx^t, *Aubry Lecomte* lith. in-4. ; c'est le précédent réduit.

3. Paul *Carpentier* pinx. 1834, lithographié par *Lemercier*, Paris, in-4.

4. E. *Vaudé* del. lith. in-12.

PAPILLON de La Ferté (Denis-Pier.-Jean), écuyer, intendant et contrôleur gén. de l'argenterie, menus plaisirs et affaires de la chambre du roi, né en 1727 à Châlons-sur-Marne, *Marne*, décapité à Paris le 7 juil. 1794.

J.-M. *Moreau* le jeune delin. et fecit 1770, in-4.

PARCHAPPE de Vinay (Nic.), docteur de Sorbonne, prévôt, sénéchal et chanoine de l'église de Reims, doyen de l'Université de cette ville, fils de *Nicolas* Parchappe, seig. de Vinay, et de *Marie-Madeleine* Billet, né en 1693 à Epernay, *Marne*, nommé abbé de Beaulieu, diocèse de Tours, en 1755, m. à Reims le 25 nov. 1766.

Le Seure 1754 , *Varin* scul. 1766, in-4.

PARISOT (Jean-Nic.-Jac.), avocat, dép. du tiers-état de Bar-sur Seine à l'Ass. nat. de 1789, nommé président du tribunal criminel du départ. de l'Aube après la session, et en 1811 conseiller à la cour d'appel de Paris, né le 5 jan. 1757 aux Riceys, *Aube*, m. aux Riceys le 21 déc. 1838.

1. *Labadye* del. in-8, *dessin* à la B. I., N f. 62 d.

2. Dess. et gr. p. *Quenedey*, in-18, lettre M. 27.

3. Jules *Porreau* sc. 1852, d'après *Quenedey*, in 18.

PARTOUNEAUX (Louis comte), lieut.-gén., com. de la lég.-d'honneur, dép. du Var de 1819 à 1828, né le 20 sept. 1770 à Romilly-sur-Seine, *Aube*, mort à Menton, principauté de Monaco, le 14 jan. 1835.

1. *C. L. P. (Crespy-le-Prince)* 1828, lith. de C. *Motte*, in-f.

2. A^d *Gaussen*, lith. *Bouquot*, à Troyes, in-8

3. *Llanta* lith. in-8.

PASSERAT (Jean), littérateur, poète français et latin, professeur royal d'éloquence, un des plus savants critiques de son temps, né le 18 oct. 1534 à Troyes, *Aube*, m. paralytique le 14 sept. 1602, chez le président de Mesmes, enterré au couvent des Jacobins de Paris.

1. *Frizius* fecit in-4, æt. 64, au bas 2 vers latins.

2. *Rulmann* del., lith. in-4.

3. Thomas *de Leu* fe in-8, æt. 64, D. à g.

4. Dans un *carré* in-18, D. à g., au bas 2 lig. latines.

5. Thomas *de Leu* del., C.-S. *Gaucher* incid. in-18.

6. *Profil* à dr. sur bois, rond de 42 *m.* de diamètre.

PAUFFIN (Jean.-Ch.-Chéri), poète et littérateur, membre de l'Institut des provinces et de plusieurs sociétés savantes, ancien magistrat, né le 9 fév. 1801 à Rethel, *Ardennes*.

Coufoury, lith. *Beauvalet*, Rethel in-8.

PAYER (J.-Bapt.), minéralogiste, géologiste et botaniste, professeur à la faculté des sciences et maître des conférences à l'école normale, membre de l'Institut, ex-chef du cabinet du ministre des affaires étrangères en 1848, député des Ardennes à l'Ass. constituante, né le 3 fév. 1818 à Asfeld, *Ardennes*.

Dessiné d'après nature par Léon *Noel*, lit. in-4, C. *Basset*.

PEIGNOT (Et.-Gab.), littérateur et bibliophile, ancien avocat, né le 15 mai 1767 à Arc-en-Barois, *Hte-Marne*, m. à Dijon le 14 avril 1849.

Dess. et gr. p. *Quenedey* 1802 , profil à g., ovale in-18.

A. *Devéria* del., lith. de C. *Motte* , grand in-8.

PELLEGRIN (Louis-Franç.-Claude), curé de Sommercourt, né en nov. 1732 à Bourmont, *Haute-Marne*, dép. du clergé de Bar-le-Duc à l'Ass. nat. de 1789, nommé curé de Bourmont au concordat, m. à Bourmont le 9 oct. 1811.

1. *Dessin* in-8 à la B. I., N f. 62 d.

2. *Mulard* del., *Voyez* j^or sc. in-8, coll. *Dejabin*.

PETIT (Franç.), gén. de l'O. de la Ste-Trinité et de la ré-demption des captifs, conseiller et aumônier du roi, né le 28 nov. 1538 à Coulommiers, *Seine-et-Marne*, nommé gén. à Cerfroid en 1598, m. à Paris le 16 juill. 1612, enterré dans l'église des Mathurins.

L. *Gaultier* sculpsit in-4, ou E. *Desrochers* ex.

PETIT (Louis), docteur en décret, gén. de l'O. de la Ste-Trinité et de la rédemption des captifs, visiteur de tout l'O., conseiller et aumônier du roi, neveu du précédent à qui il succéda en 1612, né en 1580 à Coulommiers, *Seine-et-Marne*, m. à Paris le 5 oct. 1652, enterré dans l'église des Mathurins.

L. *Gaultier* incidit, carré in-4 D. à dr.

2. Ætatis 42, 1622, M. *Lasne* invenit et fecit in-4 ou E. *Des-rochers* ex.

3. M. *Lasne* invenit et fecit in-fol.

4. Ætatis suæ 50, anno 1630, M. *Lase* in-fol.

5. *Lourdelet* pinxit, J. *Couuay* sculpsit in-fol. ætatis suæ 64 , sui generalatus 32 , anno 1644.

6. Par B. *Moncornet* in-8.

PIERRET (Jean-Franç.), 1er maire de Reims le 28 février 1790, né à Roquigny, *Ardennes*, mort à Reims le 5 fév. 1796 à l'âge de 58 ans.

Dess. et gravé par *Quenedey*, profil à dr. in-18, lettre L. 48.

PINTEREL de Louverny (Adam-Pier), lieut. gén. au bailliage de Château-Thierry, né le 22 oct. 1742 à Château-Thierry, *Aisne*, dép. du tiers-état du bailliage de cette ville à l'Ass. nat. de 1789, nommé président du tribunal civil de Château-Thierry en 1799, m. à Château-Thierry en 1809.

1. *Perrin* del. in-8, *dessin* à la B. I., N f. 62 d.

2. *Perrin* del., *Courbe* sc. in-8, coll. *Dejabin*.

PIOT de Courcelles (Nic.), chev. de la réunion, de St-Louis et de la lég.-d'honneur, maire de Troyes de 1810 à 1816, né le

28 sept 1763 à Troyes *Aube*, m. le 22 sept. 1816 au château de Courcelles.

Eau-forte dans un ovale sans fonds, h. 153 *m.*, l. 114, D. à g.

PISSIER (Edme-Jos.), chirurgien à Troyes, né le 7 sept. 1744 à Riceys-Haut, *Aube*, nommé démonstrateur d'accouchement par l'intendant de Champagne en 1779, de nouveau par le conseil général de l'Aube en l'an 2, m. du typhus à Troyes le 17 mars 1814.

Dess. et gr. p. *Quenedey*, profil in-18. Lettre *M*. 77.

PITHOU (Pier.), sieur de Savoye, jurisconsulte célèbre, avocat au parlem de Paris, fut bailly de Tonnerre, substitut du procureur gén. et nommé en 1581 procureur gén. de la chambre de justice de Guienne, né le 1 nov. 1539 à Troyes, *Aube*, m. à Nogent-sur-Seine le 1 nov. 1596, enterré à Troyes dans l'église de St-François.

1. Dans la *chronologie* collée. In-32, n° 94. D. à dr.

2. *Copie* in-32, n° 94. D. à g.

3. P. *Van Schuppen* sculps. 1685, in-fol.

4. Gravé par E. *Desrochers*, in-8, dirigé à dr.

5 Tableau du temps, *Gal.* de Versailles, n° 1958, in-8.

6. *Ovale* in-12. D. à dr , sur la tablette : *Pierre Pithou.*

7. *Ovale* in-12. D. à g., sur la tablette : *Pierre Pithou.*

8. Avec son frère sur une feuille in-4 oblong. Il est à g.

PITHOU (Franç.), sieur de Bierne, jurisconsulte et littérateur, frère du précédent, né le 21 sept. 1543 à Troyes, *Aube*, m. le 7 fév. 1621.

1. P. *Van Schuppen* sculps. 1685, in-fol.

2. *Edelinck* sculp., in-fol.

3. E. *Desrochers* fecit, in-8, dirigé à g.

4. Dans un *ovale* de feuilles de chêne, in-12. D. à dr.

5. Dans un *ovale* de feuilles de chêne, in-12. D. à g.

6. Avec son frère sur une feuille in-4 oblong. Il est à dr.

PLEURE (Pier.-Char. m^{is} de), maréchal de camp, grand bailli d'épée de Sézanne, né le 7 sept. 1737 au château de Pleure, *Marne*, dép. de la noblesse du bailliage de Sézanne à l'Ass. nat. de 1789.

1. *Dessin* in-8 à la B. l., N f. 62 d.

2. *Labadye* del., *Masquelier* sc., in-8, coll. *Dejabin.*

PLUCHE (Ant.), abbé, littérateur, né le 13 sept. 1688 à Reims, *Marne*, mort d'une attaque d'apoplexie à la Varenne-St-Maur, le 24 nov. 1761.

1. *Blakey* pinxit, L.-J. *Cathelin* sculps., in-fol.

2. Peint par *Blakey*, gravé par *Cathelin*, in-8.

3. *Blakey* pinx¹, *Landon* direx., in-18 ou in-8.

POISSON (ABEL-FRANC.), de Vandières, marquis de Marigny, secrétaire, com. des O. du roi, directeur gén. des bâtiments gouverneur du palais du Luxembourg, auparavant capitaine des chasses de la Varenne des Thuileries, lieut. gén. de l'Orléanais et Beauce, gouverneur des ville et château de Blois, né en 1727 à La Ferté-sous-Jouarre, *Seine-et-Marne*, mort à Paris le 10 mai 1781 en son hôtel, place des Victoires.

1. Peint par L. *Tocqué*, gravé par J.-G. *Wille*. In-fol.

2. Gravé par *Armano*, copie in-fol.

3. *Cochin* filius delin. et sculp. 1757, in-4.

4. *Cochin* fil. del. 1752, H. *Watelet* sc. 1752, in-4.

5. C.-N. *Cochin* filius del. 1781, B.-L. *Prevost* sculp. In-8, profil à g., petit médaillon avec emblèmes.

6. Gravé par *Geille, Gal.* de Versailles, 2669, in-8.

POMPADOUR (JEANNE-ANTOINETTE *Poisson* Mᶦˢᵉ DE), née le 30 déc. 1721 à La Ferté-sous-Jouarre, *Seine-et-Marne*, mariée en 1741 à Ch.-G. *le Normant d'Etioles*, devint maîtresse de *Louis XV* en 1744, créée marquise de *Pompadour* en 1745, nommée dame du palais de la reine en 1756, m. à Versailles, le 15 av. 1764. Elle protégea les gens de Lettres, les artistes, et cultiva l'art de la gravure.

Portraits in-folio.

1. C. *Vanloo* pinxit, J.-L. *Anselin* sculp.

2. Zⁱⁿ *Belliard*, i. lith. de *Delpech*.

3. Gravure dans un *carré* peinte en 1760.

4. *Boucher* pinx., J. *Watson* fecit.

Mad. DE POMPADOUR, portraits in-4.

5. *Nattier* pinx., *Cathelin* sculp.

6. F. *Boucher* pinx., manière noire ; au bas 2 lig. D. à g.

7. *Queverdo* del., *Lebeau* sculp.

8. *Schénau* del., *Littret* sc. 1764, profil à g.

9. Dessiné par C.-N. *Cochin*, gravé par Aug. *de St-Aubin*, 1764, au bas 4 vers :

Avec des traits si doux l'amour en la formant.

Mad. DE POMPADOUR, portraits in-8.

10. Gravé par *Bernardi, Gal.* de Versailles, 2579.

11. *Boucher* pinx., *Dien* sculp. Regarde à dr.

12. Mme *Fournier* sc. Dirigée à g.

13. *Mangron* imp., gravure avec ornements, reg. à dr.

14. Médaillon rond à coins, h. 119 *m.* l. 89, à mi-corps. D. à g. reg. à dr. Sur la tab. *La marquise | de Pompadour.*

Mad. DE POMPADOUR, portraits in-12, 18 et en petit.

15. *Gal.* de Versailles, n° 2579, au trait, reg. à g.

16. *Boucher* pinx., *Landon* direx., avec encadrement in-8.

17. *Mariage* sculp. del., profil à dr.

18. *Ovale* avec emblèmes et fleurs; sur la face du piedestal : M^e LA MARQUISE | DE POMPADOUR, h 116 *m.* l. 70. D. à dr.

19. *Ovale* avec emblèmes et fleurs; sur la face du piedestal : M^e LA MARQUISE | DE POMPADOUR, h. 113 *m.* l. 68. D. à g.

20. *Ovale* uni, h. 113 *m.* l. 70, vue de face; sur la tablette : M^e LA MARQUISE DE | POMPADOUR.

21. *Profil* à dr., dans un ovale seul, h. 110 *m.* l. 76.

Mad. DE POMPADOUR, portraits en pied.

22. Lith. *Delarue*, in-fol.

23. *Boucher* p., Vivant *Beauce* del., *Carbonneau* sc.. in-4.

24. Peint par *Steuben*, d'après *La Tour*, dessiné et gravé par L. *Massard*, in-4. *Gal.* de Versailles, 2579 bis.

25. Dans un *carré* in-8. D. à g., costume n° 144.

26. *Bourdet* del., Mme *Lesueur* sculp. In-4, avec *Louis XV.*

POULAIN DE BOUTANCOURT (J.-BAPT.-CÉLESTIN), maître de forges, né le 23 août 1758 à Boutancourt, *Ardennes*, dép. du tiers–état du bailliage de Vitry-le-Français à l'Ass. nat. de 1789, du dép^t de la Marne à la Convention, au conseil des Cinq Cents, puis au Corps législatif, m. fin oct. 1802 à Andecy près Sezanne.

1. *Labadye* del. in-8, *dessin* à la B. I., N f. 62.

2. *Labadye* del., *Courbe* sc. In-8, coll. *Dejabin.*

POUPART DE NEUFLIZE (JEAN-ABRAHAM-ANDRÉ), baron, chev. de la Lég.-d'honneur, maire de Sedan, fabricant de draps, né le 18 juil· 1752 à Sedan, *Ardennes*, m. à Sedan le 29 mai 1814.

Dess. et gr. par *Quenedey*, profil à dr. In-18, lettre *Q.* 96.

PRIEUR (PIER.-LOUIS), avocat à Châlons-sur-Marne, né le 1 août 1756 à Sommesous, *Marne*, dép. du tiers-état du bailliage de Châlons à l'Ass. nat. de 1789, du départ. de la Marne à la Convention ; après la session, il reprit sa profession, fut reçu avocat au tribunal d'appel de Paris en 1797, obligé de s'expatrier en 1816, il se rendit à Bruxelles, y est m. en mai 1827.

1. A Paris chez *Levachez*, 3/4 à g. In-4.

2. *Perrin* del., *Beljambe* sculp. in-8.

3. F. *Bonneville* del. sculp. in-8.

4. *Lith.* in-8, regarde à dr., au bas 2 lig.

5. *Moreau* del. in-8, dessin à la B. I., N f. 62 d, p. 63.

6. *Moreau* del., *Texier* sc. in-8, collection *Dejabin*.

7 Dessiné d'après nature, gravé par *Vérité*. In-8.

PRUCHE (JEAN), maire perpétuel de Dormans, né le 8 juin 1732 à Cumières, *Marne*, dép. du tiers-état du bailliage de Sézanne à l'Ass. nat. de 1789.

1. *Dessin* in-4 à la B. I., N f 62 d b, page 62.

2. *Dessin* in-8 par *Perrin* à la B. I., N f. 62 d., p. 64.

PUSSORT (HENRI), baron de St-Martin-des-Ormes, doyen du conseil d'Etat, conseiller au conseil royal des finances, né en 1615 à Reims, *Marne*, m. à Reims le 18 fév. 1697, æt. 82.

Ant. *Masson* pingebat et sculpebat 1675. In-fol. maj.

Q

QUENEDEY (EDME),[1] peintre et graveur au physionotrace, né le 17 déc. 1756 aux Riceys, *Aube*, m. à Paris le 13 fév. 1830.

1. Semet-ipsum delineavit et sculpsit *Quenedey*. In-8.

2. S. *L.* sculp. eau forte, copie in-8.

QUERAS (MATHURIN), docteur de Sorbonne, vicaire gén. de Sens, prieur de St-Quentin de Troyes, né le 2 août 1614 à Sens, *Yonne*, m. à Troyes le 9 av. 1695.

N. *Habert* fecit in-fol. D. à g.

R

RAINSSANT (PIER.) médecin, garde des médailles de la *gal.* de Versailles, né en 1625 à Reims, *Marne*, trouvé noyé dans la pièce d'eau dite des *Suisses* au parc de Versailles le 7 juin 1689.

A. *Dubasty* lith. in-8, d'après le tableau de la bibliothèque de Reims attribué à *Mignard*.

RATHIER (CHAR.-BALT.-ANT.), avoué, maire de Tonnerre, dép. de l'Yonne à l'Ass. nat. de 1848, né le 12 fév. 1812 à Chablis, *Yonne*.

Challois d'après *Egasse*, lith. de *Becquet* frères. In-fol.

REGNAULD DE LANGRES (GUY-ADRIEN), chev. de la Toison d'or, maréchal-de-camp de *Philippe* duc de Bourgogne, mena mille gentilhommes à Louis XI lors de son avènement à la couronne, il m. en 1461 âgé de 58 ans.

Dans un *carré* in-4, D. à dr., au bas 9 lig. latines.

Talis erat illustris. Widus *Regnauld* à Lingone.

REGNESSON (Nic.), graveur de portraits, né en 1625 à Reims, *Marne*, m. à Paris en 1676.

Médaillon rond avec draperie, posant sur piédestal. In-18, sur la tab. *M* *Regnesson* manuscrit.

RELONGUE (Jean-Char.), seig. de la Louptière, poète et littérateur, membre de l'Acad. des Arcades de Rome et de celle de Châlons-sur-Marne, né le 16 juin 1727 à la Louptière, *Aube*, m. à Paris en 1784.

Peint par *Surugue*, gravé par *Beauvarlet*. In-8.

RESTIF (Edme), clerc de procureur à Paris, né le 16 nov. 1692 à Nitry, *Yonne*, m. à Sacy en déc. 1764.

1. Médaillon rond in-18, à l'âge de 19 ans, D. à dr.

2. *Sur bois*, in-8, h. 110 *m*. l. 91. D. à g.

Barbe Ferlet de Bertro, sa femme, née à Accolay, *Yonne*, m. à Sacy en juillet 1772.

1. Médaillon rond in-18, à l'âge de 17 ans, D. à dr.

2. *Sur bois*, in-8, h. 118 *m*. l. 91, D. à g.

RESTIF (Nic.-Edme), homme de lettres, compositeur-typographe, fils des deux précédents, né le 22 sept. 1734 à Sacy, *Yonne*, mort à Paris en février 1806.

1. L. *Binet* delineavit, L. *Berthet* incis. dicavit. In-4.

2. *Ovale* in-12, D. à g., au bas 4 vers par son ami *Berthet*.

3. Dessiné par *Binet*, gravé par *Nargeot*, in-12.

RICHELET (César-Pier.), avocat au parlement de Paris, homme de lettres, auteur d'un dictionnaire qui porte son nom, né en 1631 à Cheminon-l'Abbaye, *Marne*, m. subitement à Paris le 23 nov. 1698, inhumé à St-Sulpice.

1. J.-G. *Seiller* sculpsit. In-4.

2. A Paris, chez E. *Desrochers*, *Daumont*. In-8.

3. *Vivien* pinxit. J. *Langlois* sculp. in-12, au bas 4 vers.

4. *Ovale* in-12, D. à g., au bas les vers du n° 3.

5. A. *Reinhardt* sculp., in-12.

6. *Vivien* pinx., *Thomassin* scul. in-12, D. à dr.

7. H. *Adam* lith. in-8.

RICHER (Edmond), prêtre, docteur et syndic de Sorbonne, écrivain ascétique, né le 30 sept. 1560 à Chaource, *Aube*, mort à Paris le 28 novembre 1630.

1. Dans un *carré* in-4 D. à dr., au bas 5 lig. latines.

2. Dans un *carré* in-4 D. à dr., au bas 4 lig.

3. Dans un *carré* in-4 D. à dr., au bas 2 lig.

4. Gravé par E. *Desrochers.* In-8.

RICHIER (Marcel), avocat et agronome, président de la so
ciété d'agriculture de la Gironde, dép. de ce dépt à l'Ass. nat.
de 1848 et à la législative de 1849, né le 8 août 1805 à Joinville,
Hte-Marne.

1. Joseph *Felon* lith. in-fol., col. *Delarue.*

2. Lith. d'après nature par *Patout.* In-4., col. *Basset.*

ROBERT (Léon), propriétaire, dép. des Ardennes à l'Ass. nat.
de 1848, né le 4 août 1813 à Voncy, *Ardennes.*

Dessiné d'après nature par *Llanta* lith. in-4, c. *Basset.*

ROCHECHOUART (Victurnien-Bonav.-Victor de), marquis de
Mortemart, colonel du régim. de Navarre, né le 28 oct. 1753 au
château d'Everly près Bray-sur-Seine, *Seine-et-Marne*, dép. de
la noblesse du bailliage de Rouen à l'Ass. nat. de 1789, nommé
maréchal-de-camp en 1791, émigré en 1792, rentré en 1801,
nommé membre du conseil général de la Seine-Inférieure par
Napoléon, créé duc en 1814 par Louis XVIII, mort subitement le
16 jan. 1823.

1. *Moreau* del. in-8 *dessin* à la B. I., N f. 62 d. p. 102.

2. *Moreau* del., *Voyer* j^or sc. In-8, coll. *Dejabin.*

ROCHETTE (Jean) jurisconsulte, avocat au bailliage et siège
présidial de Troyes, né en 1550 à Troyes, *Aube*, mort en 16...

Ovale in-8, sur bois, D. à dr., sur la bordure : Joa. Rochettvs
favendum non invidendvm, au-dessus Æt. 53.

ROGER (Franç.), littérateur, membre de l'Institut, *Acad.
française*, né le 17 av. 1776 à Langres, *Hte-Marne*, m. à Paris le
1 mars 1842.

1. Imp. d'*Artus*, r. de la Harpe 50, lith. in-fol.

2. Jul. *Boilly* 1823, lith. in-fol.

3. *Devéria* del., P. *Adam* sc. in-8.

4. Lith. *Fourquemin* 3/4 à g. in-8, Biog. univ. T. 79.

ROGIER (Jean-Franç.), consul de la ville de Reims, conseiller
à la cour des monnaies, né en 1701 à Reims, *Marne*, lieutenant
des habitants de 1751 à 1755, m. en 1759.

Robert sculpsit in-8.

ROSE (Toussaint), chev., marquis de Coye, secrétaire du

cabinet de Louis XIV, président de la Chambre des comptes, membre de l'Académie française, né en 1614 à Provins, *Seine-et-Marne*, m. à Paris le 7 janv. 1700.

R. *Lochon* ad viuum faciebat 1660. In-fol.

ROSIÈRE, V. CARLET DE LA.

ROSSEL (ELISABETH-PAUL-ÉDOUARD de), géographe, membre de l'Académie des sciences et du bureau des longitudes, contre-amiral, directeur gén. des cartes et plans de la marine et des colonies, etc., chev. de St-Louis et de la Lég-d'honneur, né le 11 sept. 1765 à Sens, *Yonne*, m. à Paris le 22 nov. 1829.

Jul. *Boilly* 1823, lith. in-fol.

ROUSSAT (J.-BAPT.), conseiller du roi, maire de Langres, président à Chaumont, m. à Langres en 1614 dans sa 70ᵉ année, enterré dans la paroisse St-Pierre.

1. P. W. B. *(Woeiriot)* 1588, profil à g. in 4, en son cage de 43.

2. N. *Briot* sc. in-8, æt. 56, 1599.

ROUSSE (GÉRARD), curé de Livry, chanoine d'Avenay, né à Hauteville, *Marne*, m. à Avenay le 9 mai 1727, âgé de 52 ans, enterré dans la chapelle Ste-Anne.

1. *Profil* à dr. dans un carré in-4, au bas 3 lig.

2. *Profil* à g., carré in-4, manière noire, au bas 3 lig.

3. E. D. *(Desrochers)* fecit in-8, chez *Daumont*.

4. *Mathey* fecit, buste in-18.

5. *Profil* à d. dans un médaillon in-18, sur la tab 4 lig.

6. *Profil* à d. in-18, sur une feuille in-f. avec 8 appelants.

ROUSSEAU (JEAN-VENANT), écuyer, secrétaire du roi, maison, couronne de France et des finances, honoraire en grande chancellerie, né le 4 déc. 1698 à Sedan, *Ardennes*, m. en 17...

Mˡˡᵉ *Rousseau* delineavit, *Bertin* sculp. in-8. D. à g.

N., femme du précédent.

Mˡˡᵉ *Rousseau* delineavit, *Bertin* sculp. in 8, D. à dr.

ROUSSELET (MICHEL-LOUIS), avocat du roi au présidial de Provins, né le 4 mars 1746 à Provins, *Seine-et-Marne*, dép. du tiers-état du bailliage de Provins à l'Ass. nat. de 1789, mort à Provins le 4 sept. 1834.

1. *Gros* del. in-8, *dessin* à la B. I., N f. 62 d p. 120.

2. *Gros* del., *Courbe* sculp. In-8, coll. *Dejabin*.

ROUTIER (PIER.), docteur et professeur en droit, chanoine, official de Reims et vice-gérant.

Hélart pinx., J. *Colin* fecit 1672, in-fol.

ROY (ANT. comte), pair de France, grand-off. de la Lég.-d'honneur, ministre d'état au conseil privé, ancien avocat au parlement de Paris, ancien député, trois fois ministre des finances, en 1818, 1819 et 1822, né le 15 mars 1764 à Savigny, *Hte-Marne*, créé pair en 1821 , grand-off. de la Lég.-d'honneur en 1836, m. à Paris le 4 av. 1847.

1. Zⁱⁿ *Belliard* lith. in-folio.

2. *Profil* à g. dans un ovale sans fonds, in-8. *Mr Roy.*

3. I. lith. de *Delpech.* In-8.

4. Lith. *Prodhomme.* In-8, 3/4 à dr.

ROYER-COLLARD (PIER.-PAUL), philosophe et publiciste, professeur de philosophie à la faculté des Lettres, membre de l'Acad. française, président de la commission de l'instruction publique, directeur gén. de l'imprimerie, dép. à diverses assemblées législatives, président de la chambre, conseiller d'État, ancien secrétaire du conseil de la commune au 10 août 1792, né en juin 1763 à Sompuis, *Marne*, m. à sa terre de Châteauvieux, près St-Aignan, *Loir-et-Cher*, le 4 sept. 1845.

1. Lith. par H. *Garnier*, in-fol., publié par *Blaisot.*

2. *T. Jahan* 1826, lith. in-fol.

3. A Paris chez *Martin*, gravure in-fol.

4. Dessiné d'après nature par *Maurin*, lith. in-fol.

5. H. *Garnier*, lith. de *Ducarme*, in-4. *Gal.* universelle.

6. T. *Salucci* dis. 1851, lith. in-4, *El correo de ultramar.*

7. *A. B. L. (Andrew Best Leloir)*, sur bois, 3/4 à dr. In-8.

8. Lith. de *Delpech*, in-8.

9. Lith. de *Fourquemin*, 3/4 à g., in-8. Biog. univ. T. 80.

10. *Lith.* sans fonds, in-8. D. à dr., au bas 3 lig.

11. *Montaut* del. et sculp., au trait, ovale in-8.

12. Lith. de M.-V. *Noel*, in-8, 3/4 à g.

13. *Ovale* in-8. D. à dr., coll. *Tardieu.*

14. *Copie* du précédent, au trait, in-8.

15. *Ovale* formé de deux branches in-8 : *Esprit de Royer-Collard.*

16. A Paris chez *Porlier*, gravure in-8.

17. E. *Lasalle*, lith in-18. *Gal.* des Contemporains.

18. *Pauquet* del., *Rosotte* sc., in-4, en pied. D. à dr.

19. C^{tes} *L. B.*, sur bois, in-18, avec *De Serres* et *Pasquier.*

20 H. *Daumier*, lith. in-fol., *caricature, M. Royer-Colas* en vieille marquise de l'ancienne cour.

ROYER-COLLARD (ANT.-ATHANASE), médecin en chef de la

maison royale de Charenton, professeur à la Faculté de médecine de Paris, membre de l'Acad. royale de médecine, frère du
précédent, né le 7 fév. 1768 à Sompuis, *Marne*, m. à Paris le 27
nov. 1825.

1. *Gianni* pinx. et lith., in-fol.

2. H. *Garnier*, lith. in-4, *Gal.* univ , publié par *Blaisot*.

ROYLLET (Hon.-Seb), membre de l'Acad. royale d'écriture,
auteur d'ouvrages sur l'art d'écrire, né à Châlons-sur-Marne,
Marne, m. à Paris le 26 av. 1767.

De Forville delin., *Romanet* sculp. in Basilica 1767, in-fol.

RUINART de Brimont (Franç.-Jn.-Irénée vicomte), membre
du conseil gén. du commerce, correspondant de la société royale
d'agriculture, officier de la Lég.-d'Honneur, ancien négociant,
ancien dép. de le Marne, ancien maire de Reims, né le 30 nov.
1770 à Reims, *Marne*, m. à Reims le 6 janv. 1850.

Lith. par E. *Desmaisons*, in-4.

<h2 style="text-align:center">S</h2>

SAINT-OMER (Jean-Claude), calligraphe, auteur des vrais
principes de la comparaison des écritures, né à Damery, *Marne*,
m. à Paris en 1810.

Dessiné à la plume par J. *Bernard*, gravé par *Jean* dit *Martain-
ville*. In-fol.

SAINT-ROBERT, fondateur et 1er abbé de l'O. de Citeaux, né sur
le territoire de Troyes, mort au monastère de Molesme le 29 av.
1098, âgé de 93 ans.

1. Jos. et Joa. *Klauber* cath. sc. et exc. A. V., in-8.

2. Michel *Van Lochom* excudit, in-8.

SAINT-ROBERT debout, à genoux.

3. A Paris, chez *Basset* le jeune, in-fol., *à genoux*.

4. A Paris, chez *Chiquet*, in-fol., *à genoux*.

5. Conradus *Lawers* sculp., in-fol , *debout*.

6. *Klauber* cath. sc. et exc. *A. V.* in-8, *à genoux*.

7. Dans un *carré* in-18, *debout*, D. à g., au bas 4 lig. franç.

SAINTE-SUZANNE (Gilbert.-Jos.-Mart. *Bruneteau* Cte de),
sénateur, pair, gén. de division, grand offi. de la Lég.-d'Honneur,
né le 7 mars 1760 à Mothe près Poivre, *Aube*, m. à Paris le 26
août 1830.

1. Dessiné par J. *Guérin*, gravé par G *Fiesinger*, in-fol.

2 *Bonneville* del., gravure in-8.

3. Dessiné par J. *Guérin*, gravé par G. *Fiesinger*, in-8.

4. *M.* del., P. *Tassaert* sc., in-8, regarde à dr.

5. Pub. by M. *Jones* aug. 1807, in-12.

6. H** *Couché*, dans la France militaire, in-18.

SALIGNY (CHAR.), duc de San-Germano, général de division, com. de la Lég.-d'Honneur, né le 12 sept. 1792 à Vitry-sur-Marne, *Marne*, m. à Madrid en 1809.

A Paris, chez *Jean*, in-fol., à cheval.

SAUSET (LOUIS-ANT.), baron, maréchal de camp, com. de la Lég.-d'Honneur, né en 1773 à Arzellières, *Marne*, m. en juin 1836 à Champigny.

1. *Dumoulin*, lith. de G. *Engelmann*, in-4.

2. *Profil* à dr. Lith. in-18, conspiration d'août 1820.

SAUVAGEOT-DUCROISI (OLIVIER), littérateur et écrivain dramatique, chef du 3e bureau des procès-verbaux à l'Ass. nat., né le 1 janv. 1752 à Chessy, *Aube*, m. à Paris, en juil. 1808.

Dessiné par *Fouquet*, gravé par *Chrétien*, in-18.

SAUVÉ (J.-BAPT.), dit *La Noue*, écrivain et artiste dramatique, né le 20 oct. 1701 à Meaux, *Seine-et-Marne*, m. à St-Cloud, le 13 nov. 1761.

1. (*Monnet*), *Dessin*, profil à g., in-4, à la B. I., N 2, lettre L.

2. Dessiné par C. *Monnet*, gravé par C. A. *Littret*, 1763, in-8.

3. C. *Monnet* delineavit, *Duponchel* sculp., in-18.

4. Edition *Touquet*, in-18, profil à

SAVARY (ANNE-JEAN-MARIE-RÉNÉ), duc de Rovigo, lieut-gén., grand aigle de la lég.-d'honneur, ministre de la police en 1810, né le 26 av. 1774 à Marcq, *Ardennes*, m. à Paris le 2 juin 1833.

1. *Maurin*, i. lith de *Delpech* in-folio.

2. *Lecler* 1833, lith. de *Fournier* in-4, *le duc de R.....*

3. Imp. lith. de *Delpech*, D. à gauche.

4. A. *Maurin*, lith. in-8.

5. *Profil* à d. au trait dans un carré in-8, sur la tab. *Savary*.

6. *Sixdeniers* sculp. in-8.

SAVIGNY (MARIE-JUL.-CÉSAR *le Lorgne* de), naturaliste et zoologiste, membre de l'Institut, *Académie des sciences* et de l'Institut d'Egypte, né en av. 1779 à Provins, *Seine-et-Marne*, m. le 5 oct. 1851 à Gally, près Versailles.

Dutertre, profil à droite, gravure in-18.

SEMONVILLE (CHAR.-LOUIS *Huguet* Mis de) grand référendaire

de la chambre des pairs , grand croix de la lég.-d'honneur, né en 1759 au château de Grandpré, *Ardennes,* m. le 11 av. 1839.

1. *Lecler* del. lith. in-4.

2. A. *R.* lith. de *Villain* in-4.

3. Lith. *Fourquemin* in-8.

SERAUCOURT. V. Y.

SEURAT (Claude-Amb.), surnommé l'*homme* anatomique ou le *squelette* vivant, propriétaire et domicilié à Savigny-l'Evèque, né le 20 av. 1798 à Troyes, *Aube.*

1. L. *Burgade* lith. in-4, debout.

2. Sur bois in-8, debout, dans sa notice, imp. de *Stahl.*

SIMON de Brie. V. Martin IV.

SIMON (Edou.-Tho.), bibliothécaire du Corps législatif et du . Tribunat, ancien médecin , né le 14 oct. 1740 à Troyes, *Aube,* mort à Besançon le 4 avril 1818.

Dess. au physionotrace et gravé par *Quenedey* in-18.

SIMON (Ant.) , cordonnier, membre de la commune de Paris, chargé de la garde de *Louis* XVII, né en 1736 à Troyes , *Aube,* décapité à Paris le 28 juil. 1794.

1. *Gros* pinxit, S.-P. *V.* del., lith. in-fol.

2. Dessiné d'après nature par *Gabriel* , E. *Perrot* sc. in-8.

SONGIS (Nic.-Marie comte de), général de division d'artillerie, inspecteur gén. de cette arme , grand aigle de la lég.-d'honneur, né le 23 av. 1761 à Troyes, *Aube,* m. à Paris le 27 déc. 1810.

1. Virg. *de La Flotte* del., lith. in-4, profil à g.

2. *Mayer* del., J.-N. *Joly* sculp. in-8.

SORBON (Robert de), docteur en théologie, chanoine de Cambray, chapelain et confesseur de St-Louis, écrivain ascétique, fondateur du collége de Sorbonne, né en 1201 à Sorbon, *Ardennes,* m. à Paris en 1274.

1. A Paris, chez E. *Desrochers*, chez *Daumont.* In-8.

2. B. *Moncornet* excudit. In-8.

3. Dans un *carré* in-fol., *assis* D. à g., au bas 6 lig. lat.

4. *Touzé* d f^{me} *Duflos* sc. in-fol. *debout.*

5. *Jollain* excudit, ovale in-fol., *assis* D. à g.

6. *Van Mol* pinx., *Alix* scul. in-4, *assis.*

7. *Mathéus* fecit in-4, *assis.*

8. *Radigue* sculp. in-4, *assis* D. à g.

SUTAINE (Pier.), abbé de Ste-Geneviève, supérieur gén. des chanoines réguliers de France, ancien prieur de Mauléon, né à

Reims, *Marne*, m. à Paris le 13 déc. 1756, âgé de 83 ans.

1. H. *Guillemard* pinx., Joannes *Daullé* sculp. 1738. In-fol.

2. *Guillemare* père pinxit; T. *Mutel* sculpsit. In-folio.

SYBILLOT (—), fou de *Louis XI*, né à Troyes, *Aube;* après la mort de *Sybillot*, *Louis XI* écrivit à *MM.* de Troyes pour leur recommander de lui trouver dans leur ville un homme pour remplacer celui qui l'avait si bien diverti. Cette lettre existait à l'hôtel-de-ville de Troyes.

Thom. *de Leu* fecit, au bas 2 vers latins et 4 français.

T

TARBÉ (LOUIS-HARDOUIN), 2. (Charles), 3. (Pierre-Antoine), 4. (Sébastien-André), 5. (Jean-Bernard), 6. (Charles-Hardouin), 7. (Gratien-Théodore), 8. (Sébastien-Prosper), frères.

Lith. in-f. contenant les 8 personnages désignés ci-dessus.

TARBÉ (LOUIS-HARDOUIN), avocat, poète et littérateur, ministre des contributions en 1791, né le 11 août 1753 à Sens, *Yonne*, m. à Paris le 7 juil. 1806.

Le n° 1 de la lith. ci-dessus.

TARBÉ (CHAR.), négociant et off. municipal à Rouen, dép. de la Seine-Inférieure à l'Ass. législative de 1791, du dép^t de l'Yonne au conseil des 500, né le 19 av. 1756 à Sens, *Yonne*, m. à Cadix le 14 sept. 1804.

Le n° 2 de la lith. ci-dessus.

TARBÉ DE PAROY (PIER.-ANT.), né le 8 juin 1758 à Sens, *Yonne*, m. à Prospect-Hall, Etats-Unis d'Amérique, le 4 mars 1822.

Le n° 3 de la lith. ci-dessus.

TARBÉ DES SABLONS ci-dessous.

TARBÉ DE VAUX-CLAIRS (JEAN-BERN.), né le 23 fév. 1767 à Sens, *Yonne*, m. à Paris le 17 sept. 1852.

Le n° 5 de la lith. ci-dessus.

TARBÉ DE ST-HARDOUIN (CHAR.-HARDOUIN), né le 23 av. 1769 à Sens, *Yonne*, m. à Paris le 24 déc. 1821.

Le n° 6 de la lith. ci-dessus.

TARBÉ (GRATIEN-THÉOD.), imprimeur à Sens, né le 25 juin 1770 à Sens, *Yonne*, m. à Sens le 9 déc. 1847.

Le n° 7 de la lith. ci-dessus.

TARBÉ (SÉB.-PROSPER), notaire à Paris, né le 30 sept. 1771 à Sens, *Yonne*, m. à Paris le 7 mai 1814.

Le n° 8 de la lith. ci-dessus.

TARBÉ des Sablons (Séb.-André), imprimeur et maire de Melun, chef de division au ministère du commerce et des manufactures, auteur du Manuel des poids et mesures, né le 19 sept. 1762 à Sens, *Yonne*, m. à Paris le 17 mai 1837.

1. Dess. et gravé par *Quenedey*, profil à dr. in-18. *N.* 80.

2. Le n° 4 de la lith. ci-dessus.

TERNAUX (Louis-Guil. baron), off. de la Lég.-d'honneur, négociant et fabricant, membre de la Société royale d'agriculture, dép. à l'Ass. lég. en 1817 et années suivantes, né le 11 oct. 1763, à Sedan, *Ardennes*, m. d'apoplexie à St-Ouen le 2 av. 1833.

1. Jul. *Boilly* lith. in-fol.

2. A. *Lefebure* pinxit, *Renard* sculpsit, in-4.

3. *Devéria* 1823, lith. de *Langlumé*, in-4.

4. *Julien* lith. in-4, *gal.* universelle publiée par *Blaisot*.

5. *Robert Lefevre* pinx., E. *Conquy* del., gravure in-8.

6. *Eau forte* in-8. Biog. des Cont. D. à dr. *Mr Ternaux aîné.*

7. Dessiné par *de Moléon* lith. in-8. D. à dr.

8. *Ovale* in-8, D. à dr., au bas 2 lig., suite de *Tardieu.*

THENARD (Louis-Jac.), baron, pair, grand off. de la Lég.-d'honneur, chimiste, professeur de chimie à la Faculté des sciences, membre de l'Institut et du Conseil de l'instruction publique, né le 4 mai 1777 à la Louptière, *Aube.*

1. Jul. *Boilly* 1822, lith. in-fol.

2. Dessiné d'après nature par *Maurin*, lith. in-fol.

3. *David* 1837, procédé de A. *Collas*, in-4.

4. Lith. de *Delpech*, in-4.

5. Lith. de *Delpech*, in-8.

6. *Eau forte* in-8, D. à d., Biog. des Cont. T. 19, p. 425.

7. *M. (Maurin)*, lith. in-8.

8. C.-L.-F. *Panckoucke* éditeur, gravure in-8.

9. Dessiné en 1824 et gravé par Ambroise *Tardieu*, in-8.

10. *Sur bois*, de 3/4 à droite, in-8.

11. *Réville* sculp. in-18, avec *Mignard*, France pittoresque.

THIBAUD, Cte de Champagne, V. CHAMPAGNE, p. 22.

THIBAULT (Alexan.-Marie), bachelier en théologie de la Faculté de Paris, curé de Souppes, né le 8 sept. 1747 à Ervy, *Aube*, dép. du clergé du bailliage de Nemours à l'Ass. nat. de 1789, nommé évêque du Cantal en 1791, démissionnaire en 1793, dép. du Cantal à la Convention, au conseil des Cinq-cents, sorti en 1797, régisseur de l'octroi de Paris la même année, dép. de

Loir-et-Cher aux Cinq-Cents en 1799, entre au tribunat après le 18
brumaire, il en fut éliminé en 1802, m. à Paris le 26 fév. 1813.

1. *Dessin* in-4 à la B. I., N. f. 62 d b. p. 83,

2. *Duchemin* del., A. *Briceau* sculp. in-4, coll. *Levachez*.

3. *Turlure* del.; *Chatelain* sc. in-8, coll. *Dejabin*.

4. *Dessin* in-8 à la B. I., N f. 62 d. p. 156.

5. *Labadye* del., *dessin* in-8 à la B. I., N f. 62 d. p. 159.

6. *Labadye* del., *Texier* sc. in-8, coll. *Dejabin*.

THIBAULT (JEAN-THO.), peintre et architecte, membre de
l'Institut, académie des beaux-arts, né le 20 sept. 1767 à Montié-
render, *Haute-Marne*, m. le 17 juin 1826 à Paris.

1. Jul. *Boilly* 1822, lith. in-fol.

2. F. *Gérard* del. 1808, F. *Girard* sculp. 1837, in-fol.

THIERRIAT D'ESPAGNE (CHAR. de), seigneur de la Motte, de
Petit-Prés, etc., capitaine d'infanterie, successivement gouverneur de Bommel, Dôle et Thionville, né en 1626 à St-Florentin,
Yonne, nommé capitaine en 1642, m. à Thionville le 20 juin 1711
étant le plus ancien officier de France.

Habert scu. in-8.

THUISY (CHAR. de) DE VERGEUR, chev. de Malte, né le 14 nov.
1753 au château de St-Souplet, *Marne*, m. à Paris fin mars 1840.

Germain pinx. et lith. in-fol. D. à gauche.

THURIOT DE LA ROSIÈRE (JAC.-ALEXAN.), avocat au parlem.,
juge au tribunal de Sezanne, dép. de la Marne à l'Ass. législative
en 1791, à la Convention, commissaire civil près le tribunal de
Reims, substitut du procureur impérial près la cour de cassation, puis avocat gén. près la même cour, membre de la Lég -
d'honneur, obligé de quitter la France en 1816, il alla se fixer à
Liège, y exerça la profession d'avocat, il y est m. en juin 1829.

Profil à dr., lith. in-8, au bas 3 lignes.

TILLANCOURT (EDMOND de), avocat, dép. de l'Aisne à l'Ass.
nat. de 1848, né le 14 oct. 1809 à Château-Thierry, *Aisne*.

1. L. *Barré* lith. in-fol.

2. Lith. d'après nature par Soulange *Teissier*, in-4, c. *Basset*.

TILLY (AUGUSTE *Didier* dit), ténor léger, artiste de l'Opéra
comique, puis directeur en province, né à Vendeuvre, *Aube*.

G. *Morin*, lith. in-fol. en pied, rôle de *Zampa*.

TIRLET (LOUIS vicomte), pair de France, lieut.-gén. d'artillerie, grand'croix de la Lég.-d'honneur, com. de St-Louis, né le
14 mars 1773 à Moirmont près Ste-Menehould, *Marne*, m. le 30

mars 1841 dans sa terre de Fontaine.

Dutertre, profil à dr., gravure in-18.

TORTEBAT (Franç.), peintre d'histoire et de portraits, peintre ordinaire du roi, membre de l'Acad. royale de peinture et sculpture, auteur d'un traité d'anatomie, né à Troyes, *Aube*, en 1626, m. à Paris le 4 juin 1690.

Peint par M. *de Pille*, gravé par le chevalier *Edelinck*. in-fol.

TOUPET des Vignes (Ed.) dép. des Ardennes à l'Ass. nat. de 1848, né le 5 sept. 1816 à Givet, *Ardennes*.

Lith. d'après nature par *Llanta*, in-4, col. *Basset*.

TOUPOT de Beveaux (Henri-Simon), vice-président du tribunal de Chaumont, dép. de la Hte-Marne à l'Ass. législative de 1791 et à la chambre en 1819 et années suivantes, né en 1759 à Chaumont, *Hte-Marne*, m. à Chaumont en déc. 1845.

Ovale in-8, D. à dr. au bas 3 lig., col. *Tardieu*.

MAISON DE LA TOUR D'AUVERGNE.

TOUR (Henri I de la), duc de Bouillon, vicomte de Turenne, de Castillon, de Lanquais, comte de Montfort et de Négreplisse, seig. et baron de Montgascon, d'Oliergues, Limeuil, Fay, Servissac, St-Bonnet, Novatelle, Le Croc et Ferrières, prince de Sedan, Jametz et Raucourt, maréchal de France, né le 28 sept. 1555, à Joze, *Puy-de-Dôme*, m. à Sedan le 25 mars 1623.

1. *Dessin* au cabinet *Fontette* (*Lelong*).

2. A. *P.* pinx., *Gaillard* sculp. in-8, col. *Odieuvre*.

3. B. *Moncornet* excu. in-8, 3/4 à droite.

Charlotte de la Marck, duchesse de Bouillon, princesse de Sedan, sa femme, fille d'*Henri Robert* duc de Bouillon, et de *Françoise* de Bourbon-Montpensier, née le 5 nov. 1574 à Sedan, *Ardennes*, mariée en 1591, m. au château de Sedan le 15 mai 1594.

Warinus | fec. | 1591, in-8.

TOUR (Marie de la), duchesse de Thouars, fille du précédent et d'*Elisabeth* de Nassau, née en 1600, mariée en 1619 à *Henri* de la Trémouille, duc de Thouars, m. le 24 mai 1665.

1. A Paris, chez Pierre *Mariette*, in-4, D. à g.

2. B. *Moncornet* ex. in-8, dirigée à g.

TOUR (Frédéric-Maurice de la), duc de Bouillon, prince de Sedan, de Jamets et de Raucourt, vicomte de Turenne, Castillon et Lanquais, comte de Montfort, baron de Montgascon, Oliergues, Limeuil, Fay, Servissac, duc d'Albret, Château-Thierry, comte d'Auvergne, Evreux, Beaumont-le-Roger, vicomte de Conches en Normandie, pair de France, lieut.-gén., frère de la précédente, né le 22 oct. 1605 à Sedan, *Ardennes*, m. à Pontoise le 9 août 1652, enterré dans l'église de St.-Taurin d'Evreux.

1. *Nantueil* delineabat et sculpebat 1649, in-fol.
2. *Nantueil* sculpebat in-fol. plus grand.
3. G. *Muller* sc. 1772, copie in-fol. du n° 2.
4. *Ovale* in-4, D. à g, au bas 8 lig., type n° 2.
5. *Tardieu* 1773, copie à g. in-fol. du n° 2.
6. P. *Aubry* excud. in-8, 3|4 à g.
7. Baltazar *Moncornet* excudit, in-8.
8. *Ovale* in-12, D. à g., sur la table 2 lig., h. 129 *m.* l. 80.

TOUR (Henri II de la), vicomte de Turenne, comte de Negreplisse, vicomte de Castillon, baron d'Oliergues et de Clarens, maréchal gén. des camps et armées, colonel gén. de la cavalerie légère, maréchal de France, gouverneur du Haut et Bas-Limosin, frère des précédents, né le 11 sept. 1611 à Sedan, *Ardennes*, tué d'un coup de canon près Saltzbach le 27 juil. 1765, inhumé à St-Denis.

Portraits in-folio.

1. *Buste* au dessus du dépt. des Ardennes, gravure.
2. *Meissonnier* architect. f., N. *De Larmessin* sculp.
3. *Humbelot* sculp. Ovale 3/4 à g. Très jeune.
4. Anselmus Van *Hulle* pinxit, Petrus de *Jode* sculpsit.
5. Jac. *Lubin* sculp. D. à dr. Dans *Perrault*.
6. Ant. *Masson* pingebat et sculpebat 1669, fol. major.
7. *Nanteuil* pinx, *Maurin* lith. D. à g.
8. *Maùzaisse* fecit 1825, lith.
9. *Champaigne* pinxit, *Nantueil* sculpebat.
10. R. *Nantueil* pingebat sculpebat et excudebat 1665.
11. R. *Nanteuil* sculp. Ovale seul. D. à g. Au bas : le grand Turenne *dans sa jeunesse (faux portrait).*
12. C. P. *Marillier* del., N. *Ponce* sculp., avec texte.
13. P. *Sudré* del., imp. lith. de *Langlumé.* D. à g.

Portraits de Turenne in-4.

14. A Paris chez *Bligny.* Ovale posant sur 2 branches de laurier. D. à g. Sur la tab. 4 lig. *(Faux portrait).*
15. Dans un *carré*, h. 160 *m.* l. 127., reg. à dr. Au bas 2 lig.

16. Dans un *carré*, h. 193 *m.* l. 150. D. à d. Sur la tab. 2 lig.

17. D'après *Nanteuil, Chrétien* del. lith. D. à dr.

18. A Paris chez *Daret* 1653, ou chez L. *Boissevin.*

19. N. *De Larmessin* sculpebat 1661, ou sans date.

20. A Paris, chez *Esnauts* et *Rapilly.* D. à g. *Faux portrait.*

21. J. *Frosne* sculpsit. Ovale de feuilles de laurier. D. à g.

22. *Geyser* sc. Dirigé à gauche.

23. Engraved by W. *Holl,* from the *La Toure.*

24. Dessiné et gravé par *Lebeau.* D. à dr.

25. *Lebeau* direx. Ovale avec emblèmes. D. à d.

26. J. *Toorenvliet* del., Cor. *Meyssens* fe.

27. *Moncornet* ex., octogone. D. à dr.

28. *Octogone,* h. 177 *m.* l. 143, 3/4 à g., au bas 1 lig.

29. Dans un *ovale* posant sur des branches de laurier, h. 165 *m.* l. 126. Sur un ruban 4 lig. allemandes. D. à d.

30. Dans un *ovale,* le fonds de tailles courbes, h. avec le texte 166 *m.* l. 127. Au bas 2 lig. latines. D. à g.

31. Dans un *ovale.* D. à g. Au bas *Errico della tore viscole de Turena,* elogii di capitani illustri.

32. A Paris, chez *Pointeau.* D. à droite.

33. *Sergent* del., *Ridet* sculp. 1786. D. à droite.

34. C. *Simonneau* major del. et sculp. Oblong. D. à d.

35. Sur des nuages, il tient la foudre, *belli ducis imago.*

36. *Masson* pinx., *Vangelisty* sculp. D. à dr.

Portraits de TURENNE in-8.

37. Peter *Aubry* excudit, dirigé à dr.

38. R. *Nanteuil* pinx., J. *Barbié* sculp.

39. *Bourgeois* sc., publié par *Furne.* D. à g.

40. A Paris, chez *Crepy.*

41. l. lith. de *Delpech.*

42. *Champage* effig. pinx., *de Marcenay* sculp. 1767.

43. Gravé par E. *Desrochers.* D. à dr.

44. *Champagne* pinxit, P. *Dupin* sculp. Col. *Odieuvre.*

45. *Eau-forte* sans fonds. D. à g.

46. G. *Staal* del., *Ferdinand* sc. D. à dr.

47. Peint par *Rigaud, gal.* de Versailles, 2287.

48. *Nanteuil* pinx., *Garnier* sculp. D. à g.

49. Printed for J. *Hinton,* sur la tab. 2 lig. anglaises.

50. *Hocquet* sc. 1808.

51. *Mignard* pinx., *Huvenne* sc. D. à g.

52. *Jones* fecit, ovale seul. D. à g.

53. *Le Courbe* sculp^t, dirigé à dr.

54. B. *Moncornet* excu., 3/4 à g., ovale seul.

55. Balt. *Moncornet* ex., ovale à coins marbrés. D. à d.

56. *Harding* del., *Ogborne* sculp., 3/4 à dr.

57. *Ovale*, h. 132 *m*. l. 82, les noms au tour, composition du 18.

58. *Ovale*, h. 150 *m*. l. 99, 2 lig. anglaises sur la tab. D. à d.

59. *Ovale* seul, h. 126 *m*. l. 96, au bas 4 lig. françaises. D. à d.

60. *Ovale* seul, h. 144 *m*. l. 114, au bas 4 lig. lat. D. à d.

61. *Ovale* avec armes et 4 lig. françaises sur la tablette, h. 133 *m*. l. 74. D. à dr.

62. *Ovale* gothique, sans fonds, avec 3 lig. latines. D. à d.

63. *Ovale*. D. à g. Sur la tab. *le Vicomte de Turenne*.

64. *Ovale*. D. à g. Sur la tab. 2 lig.

65. *Ovale*, h. 134 *m*., l. 78. D. à g., sur la tab. 3 lig.

66. *Ovale*, h. 137 *m*., l. 79, sur la tablette 3 lig. et des tours dans les coins. D. à g.

67. *Devéria* del., *Prudhomme* sc. D. à g.

68. D'après *Nanteuil*, suite de *Pujol*, au trait.

69. R. *C.* excudit, dirigé à g.

70. Ch. *Lebrun* inv., Ch. *Ransonnette* sc. D. à d.

71. Peint par H. *Rigaud*. D. à dr., dans un carré.

72. Dessiné et gravé par Aug. St-*Aubin*, profil à g.

73. *Meissonnier* architect. f., J. V. D. *Schley* sculp.

Portraits de TURENNE in-12, 18 et en petit.

74. A claire-voie, h. 57 *m*., 3/4 à g.; au bas, *Turenne*.

75. *Bernard*, médaille et revers 1683, profil à dr.

76. Dans un *carré*, h. 60 *m*., l. 55. D. à dr., au bas, *Turenne*.

77. Procédé de A. *Collas*, profil à droite.

78. *Derly* del. et sp., ou in-4 avec texte.

79. *Richardson* del., *Fiesinger* inc. D. à dr.

80. J. *Lamsfeld* del. fec., h. 130 *m*., l. 80. D. à g.

81. Ph. de *Champagne* pinx., *Landon* direx. ou in-8.

82. *Lemaître* direxit, gravure de 3/4 à g.

83. *Piauger* del., *Lucas* sculp. avec bas-relief.

84. *Médaille* et revers, copie à g. sans date du n° 74.

85. *Octogone* avec 3 lig. allemandes, h. 85 *m*., l. 73. D. à g.

86. *Ovale* sans fond, h. 122 *m.*, l. 78 avec 2 lig. D. à dr.

87. *Ovale*, h. 109 *m.*, l. 76, avec 2 lig. italiennes sur la tab. et des tours dans les coins. D. à dr.

88. *Ovale*, h. 120 *m.*, l. 65, 3 lig. françaises sur la tab. D. à dr.

89. *Ovale* avec armoiries, h. 123 *m.*, l. 70. 3/4 à dr.

90. *Ovale*, h. 95 *m.*, l. 67. D. à d., 2 lig. lat. dessus, 3 dessous.

91. *Ovale, octogone, carré* sans fonds, h. 107 *m.*, l. 62. D. à g.

92. *Ovale*, h. 122 *m.*, l. 71, les noms sur l'ovale, les armes sur la face du support. D. à g.

93. *Ovale*, h. 120 *m.*, l. 74, avec une lig. sur la tab. D. à g.

94. *Ovale* seul, h. 75 *m.*, l. 56, au-dessous : Turenne. D. à g.

95. *Ovale* seul, h. 56 *m.*, l. 44, avec 2 lig. allemandes. D. à g.

96. *Rond* dans un carré de 75 *m.* les noms autour, d. à g.

Portraits de Turenne, en pied.

97. Dessiné par *Bouchot*, gravé par *Charon*, in fol. major.

98. *Touzé* d., P. *Duflos* sc., d'après la statue, in-fol.

99. *Belli ducis imago*, in-4, il arrache la langue d'un lion.

100. *Bernard*, sur bois, in-4, dirigé à g.

101. *Berr*, sur bois, in-4, dirigé à gauche.

102. Peint par *Mauzaisse*, N. *Desmadryl* sc. in-4.

103. Dessiné par *Mauzaisse*, gravé par *Gaitte*, in-4.

104. Dessiné par *Notré*, Gal. de Versailles, in-4.

105. Gravé d'après la statue de *Pajou*, par *Levachez*, in-4.

106. *Gois* fils sc., au trait, in-8, statue dirigée à g.

107. Lith. in-8, statue. D. à d., sur la base : Turenne, h. 140 *m.*

108. Copie de *Mauzaisse*, in-8. D. à dr.

109. *Leroux* sculp., in-18, assis sur un canon.

110. *Gal.* de Versailles, au trait, in-18, l'épée à la main.

Turenne à cheval.

111. *Van Merlen* ex., in-fol.

112. *Belli ducis imago*, sur un cheval aîlé, gravure in-4.

113. J. *Frosne* sculp. in-4. D. à g.; au bas, 6 lignes.

Pièces historiques sur Turenne.

114. *Martinet* del. 1813, *Hulk* sculp., avec texte, in-4.

115. *Sergent* del. 1786, L. *Roger* sculp., avec texte, in-4.

116. *Sommeil* de Turenne, gravure in-18, h. 100 *m.* l. 67.

Mort de TURENNE.

117. *Lenoir* concepit, *Palmieri* del., T. *Chambars* sculp. in-fol.

118. Peint par *Chabord* (1819), gravé par *Danois* in-fol.

119. Dessiné par *Le Jeune*, gravé par *David*, in-4.

120. *Palmieri* inv., *Kinkarding* sculp., in-4.

TOUSSAIN (JAC.) *Tussanus*, savant helléniste, professeur de langue grecque au collége royal à Paris, né en 14.. à Troyes, *Aube*, m. à Paris le 16 mars 1547.

1. Dans Th. *de Bèze*, ovale sur bois, in-8. D. à dr.

2. Le même, l'ovale différent.

3. Dans un *carré* in-18. D. à g.; au bas, 2 lig. lat.

4. En petit dans la *chronologie* collée, nº 121, D. à g.

5. *Copie* du nº 4, même grandeur, nº 121, D. à dr.

TRANCHART(J.-BAP.-THÉOD.), présid. du tribunal de première instance de Vouziers, dép. des Ardennes à l'Ass. nat. de 1848, né le 15 août 1797 à Rethel, *Ardennes*.

1. Athanase *Farcy*, lith. in-fol. Col. *Delarue*.

2. Lith. d'après nature par *Loire*, in-4. Col. *Basset*.

TRONCHON (NIC.), cultivateur à Fosse-Martin, chev. de la Lég. d'honneur, dép. de l'Oise à l'Ass. législat. de 1791, en 1815 pendant les Cent-Jours, et en 1817, né en 1757 à Marcilly, *Seine-et-Marne*, m. à St-Souplet le 9 nov. 1828.

1. *Ovale* seul, in-8. D. à g., coll. *Tardieu*.

2. J. P. *(Petit)*, lith. *Prodhomme*, in-8, D. à g.

3. *Vigneron* 1818, lith. in-fol., avec 10 autres députés.

TRONSON (LOUIS), seig. du Coudray et du Père, secrétaire du roy et intendant des Finances.

B. *Moncornet* excudit, in-8.

TRONSON (LOUIS), prêtre, 3e supérieur de St-Sulpice, né en 1621 à Reims, *Marne*, m. à Paris le 26 fév. 1700.

1. N. *Guerry* pinx., Cl. *Duflos* sculpsit, in-fol. D. à dr.

2. N. *Guerry* pinx., Cl. *Duflos* sculpsit, in-fol. D. à g.

TRONSON *du Coudray* (GUIL.-ALEXAN.), célèbre avocat, dép. de Seine-et-Oise au conseil des Anciens, né le 18 nov. 1750 à Reims, *Marne*, déporté à Cayenne en 1797, m. à Cayenne le 22 juin 1798.

1. *Lebec*, lith. in-8, 3/4 à droite.

2. *Profil* à dr., lith. in-8, au bas 4 lignes.

TURENNE V. TOUR-D'AUVERGNE.

U

URBAIN II (EUDES *de Lagery* ou de *Chastillon*), né en 1042 à Chatillon-sur-Marne, *Marne*, fut chanoine de l'église métropolitaine de Reims, religieux et grand prieur de Cluny, créé cardinal-évêque d'Ostie par Grégoire VII, élu pape le 12 mars 1088, m. à Rome le 29 juil. 1099.

1. Dans l'histoire des cardinaux de F. *Du Chesne*, in-4.
2. Dans la vie des papes, Venise, Domenico *Ferrarin*, in-4.
3. Dans la vie des papes de *Cavalleriis*, in-8.
4. Dans l'histoire de papes de l'abbé *Novaës*, in-8.
5. 3/4 à dr. dans un rond in-8; au bas, 4 lig. latines.
6. Dans les cardinaux français de l'abbé *Roy*, in-8.
7. Sur bois, in-12, dans l'histoire des papes de A. *Du Chesne*.
8. *Carré* in-18. D. à dr. ; au bas : *Eudes euesque d'Osties*.
9. J. *Picart* incidit, dans le titre in-f. de l'histoire de la maison de Chastillon par A. *Du Chesne*, assis.

URBAIN IV (JAC.-PANTALÉON), né à Troyes, *Aube*, successivement archidiacre de Laon, de Liège, évêque de Verdun, légat en Allemagne, orient, Poméranie et Prusse, nommé patriarche de Jérusalem, élu pape le 29 août 1261, m. à Pérouse le 2 oct. 1264 âgé de 79 ans.

1. A. H. R. *Z*., in-fol. dirigé à gauche.
2. Dans l'histoire des cardinaux de F. *Du Chesne*, in-4.
3. Dans la vie des papes, Venise Domenico *Ferrarin*, in-4.
4. Ch. *Fichot*, lith. in-4.
5. Dans la vie des papes de *Cavalleriis*, in-8.
6. Dans l'histoire des papes de l'abbé *Novaës*, in-8.
7. *Profil* à dr. dans un rond ; au bas, 4 lig. latines.
8. Sur bois, in-12, dans l'histoire des papes de A. *Du Chesne*.

MAISON JUVENEL, JUVENAL OU JOUVENEL DES URSINS.

URSINS (JEAN *Jurenal* des) (MICHELE *de Vitry*) (autre JEAN) (JEANNE) (LOUIS) (autre JEANNE) (EUDES) (DENIS) (MARIE) (GUILLAUME) (PIERRE) (MICHEL) (JACQUES).
Les 4 pièces suivantes contiennent les 13 personnages ci-dessus dénommés.

1. *Dessin* in-fol. à la B. I., *Gaignières*, T. 7 page 30.
2. Dans *Montfaucon*, gravure in-fol. T. 3, Pl. 67.

3. Dessiné par *Bruner*, gravé par *Beyer*, in-fol.

4. *Galerie* de Versailles, copie au trait du n° 3, in-8.

JEAN , seig. de la Chapelle-Gauthier, la Galaisière et Mormans-en-Brie, conseiller au Châtelet de Paris en 1380, prévôt des marchands en 1388, avocat du roi en 1404, chancelier de *Louis*, dauphin, duc d'Aquitaine en 1413, puis président du parlement siégeant alors à Poitiers, m. à Poitiers le 1 av. 1431, enterré à N.-D. de Paris dans la chapelle St-Remy.

Dans les 4 pièces indiquées ci-dessus.

Dans *Montfaucon*, T. 3, Pl. 67.

MICHELE *de Vitry*, femme du précédent, morte à Paris le 12 juin 1456, enterrée dans la même chapelle.

Dans les 4 pièces indiquées ci-dessus.

1. *Dessin* in-4, en pied, à la B. I., *Gaignières*, T. 6. page 54.

2. *Lanté* del., *Gatines* sculp^t, in-fol., en pied.

JEAN , archevêque duc de Reims, fils des deux précédents , né en 1388 à Paris, *Seine*, nommé conseiller et maître des requêtes en 1416, puis avocat gén. au parlement, élu évêque de Beauvais en 1432, transféré à Laon en 1443, à Reims en 1449, sacra *Louis XI* en 1461, m. au palais archiépiscopal le 14 juil. 1473, enterré dans la cathédrale.

Décrit dans les 4 pièces indiquées ci-dessus.

1. *Dessin* en couleur à la B. I., *Gaignières*, T. 7, p. 29.

2. Dans un *carré* in-8, debout, costume n° 76.

JEANNE, femme de *Nicolas* Brulart, sœur des précédents , née le 19 juillet 1390.

Décrit dans les 4 pièces indiquées ci-dessus.

LOUIS, chev., conseiller et chambellan du roi, bailli de Troyes, frère des précédents, né le 3 nov. 1392, prisonnier des Anglais à la reddition de Melun en 1420.

Décrit dans les 4 pièces indiquées ci-dessus.

JEANNE, sœur des précédents, née le 24 juin 1394, mariée 1° à *Pierre* de Chailly, 2° à *Guichard* d'Appelvoisin.

Décrit dans les 4 pièces indiquées ci-dessus.

EUDES, sœur des précédents, née le 12 juil. 1396, mariée à *Denis* des Marais, seig. de Doues.

Décrit dans les 4 pièces indiquées ci-dessus.

DENIS, échanson de Louis de France, duc de Guyenne, frère des précédents, né le 19 juil. 1397.

Décrit dans les 4 pièces indiquées ci-dessus.

Marie, pricure de Poissy, sœur des précédents, née le 27 août 1398.

Décrit dans les 4 pièces indiquées ci-dessus.

Guillaume, chev., baron de Trainel, vicomte de Troyes, seig. de St-Briçon, bailli de Sens, frère des précédents, né à Paris le 15 mars 1500, nommé conseiller au parlem. en 1423, chev. des O. en 1429, chancelier en 1445, les sceaux lui furent retirés en 1464 et rendus en 1465, il les tint jusqu'à sa mort le 23 juin 1472, inhumé auprès de ses père et mère.

Décrit dans les 4 pièces indiquées ci-dessus.

1. *Dessin* en couleur in-fol., à la B. I., *Gaignières* T. 7, p. 27.

2. *Dessin* en noir à la B. I., *Gaignières* T. 7, p. 28.

3. *Beaunier* del., *Bourgeois* sc. eau forte in-4, D. à d.

4. *Devéria* del., *Dequevauviller* sc. in-8.

5. J. *Robert* délinea., *François* sculp. in-8, col. *Odieuvve*.

6. *Vernier* del., *Lemaitre* direxit, in-8.

7. *Profil* à g., dans la chronologie collée, in-18.

8. *Profil* à g., copie sans fonds du n° 7, in-18.

9. *Jacquand* del., *Le Clerc* sculp. in-4. Plutarque français.

10. Dans un *carré* in-8 debout, costume n° 77.

11. *Lécureux*, J. *Thompson*, sur bois in-8, à genoux.

Pierre, écuyer, frère des précédents., né le 6 sept. 1406.

Décrit dans les 4 pièces indiquées ci-dessus.

Michel, plus bas.

Jacques, archevêque duc de Reims, frère des précédents, né le 14 oct. 1410, archidiacre de Paris, président de la cour des comptes en 1443, archevêque de Reims en 1444, remet ses bulles en 1449, il fut patriarche d'Antioche, administrateur de l'évêché de Poitiers, prieur de St-Martin-des-Champs, m. le 12 mars 1456.

Décrit dans les 4 pièces indiquées ci-dessus.

Michel, écuyer, seig. de la Chapelle-Gautier, Doué, Armentières, Bergeresse, etc., bailli de Troyes, frère des précédents, né le 15 jan. 1408, m. en 1470.

Décrit dans les 4 pièces indiquées ci-dessus.

François, seig. de la Chapelle et de Doué, baron de Trainel, chev. de l'A. du roi, fils de *Jean*, et de *Louise* de Varic et petit-fils du précédent, il m. le 26 av. 1547, enterré à N.-D. de Paris dans la chapelle St-Remy.

1. *Dessin* in-8 à la B. I., *Gaignières* T. 8, p. 116.

2. Dans *Montfaucon*, T. 4, pl. 54, copie in-8.

ANNE *Lefèvre d'Armenonville*, sa femme, fille de *Bertrand* Lor-
fèvre et de *Valentine* Lhuillier, m. le 3 sept. 1561, enterrée près
son mari.

1. *Dessin* in-4 à la B. I., *Gaignières*, T. 8, p. 117.

2. Dans *Montfaucon*, T. 4, pl. 54, copie in-8.

URSINS seigneurs d'Armentières.

URSINS (CHARLOTTE-JUVENAL des), vicomtesse d'Auchy, fille
de *Gilles*, seigneur d'Armentières et d'*Anne* d'Arce, elle épousa
Eustache de Conflans, vicomte d'Auchy surnommé la *Grand-Barbe*,
veuve en 1628, m. le 3 jan. 1646 ; elle fut illustre par son esprit
et sa piété, composa des homélies.

1. *Daret* f. in 4, à genoux.

2. M. *L. (Lasne)*, dans un carré in-4, D. à d., au bas 6 vers.
Vierge dont la puissance égale la beauté.

3. Dans un *carré* in-4, D. à d., copie du précédent, plus petit,
la vierge et les mains supprimées.

V

VALENTIN (MOÏSE), peintre d'histoire, né en 1600 à Coulommiers, *Seine-et-Marne*, m. à Rome en 1632.

1. *Jourdy* lith. In-fol.

2. *Pisan*, gravure sur bois. In-4.

VALENTIN (LOUIS), docteur en médecine, ancien professeur,
ex-médecin en chef des armées et professeur des hôpitaux en
Amérique, chev. de St-Michel et de la lég. d'honneur, membre et
associé de plusieurs académies et sociétés savantes, né le 14 oct.
1758 à Soulange, *Marne*, m. à Nancy le 11 fév. 1829.

1. Au physionotrace, *profil* à g. In-8, au bas 3 lig.

2. Lith. de *Labouré*. In-12.

3. Dess. au physionotrace et gravé par *Quenedey* 1812. In-12.

VALLÉE (SYLVAIN-CHAR., comte), pair, maréchal de France,
gouverneur d'Alger, grand'croix de la lég. d'honneur, com. de
St-Louis, né le 17 déc. 1773 à Brienne-le-Château, *Aube*, m. à
Paris le 16 août 1846.

1. *Court* pinx., *Maurin*, lith. de *Delpech*. In-fol.

2. Ch. *Lemoine*, lith. in-4, imp. d'*Aubert*.

3. *A. B. L. (Andrew, Best, le Loir)*, sur bois. In-8. D. à g.

4. *Julien*, lith. in-8.

5. Peint par *Court,* gravé par *François.* In-4, en pied.

6. *Galerie* historique, lith. in-8, en pied.

VARIN (C.-N.), célèbre graveur mort à Châlons, *Marne,* en 1812.
Ovale avec ornements. In-8, au bas le texte décrit.

VASSELIER (Jos.), littérateur, poète érotique, commis à l'administration des postes à Lyon, né en 1735 à Rocroy, *Ardennes,*
mort à Lyon le 10 oct. 1798.

1. *Profil* à dr. au point, ovale in-12, au bas 2 lig.

2. *Profil* à g. aquatinte, ovale in-12, h. 83 *m.,* l. 66.

VERGUIN (Simon), abbé, supérieur du grand séminaire et
chanoine titulaire de la cathédrale de Chartres, né le 8 nov. 1752
à Sedan, *Ardennes,* mort à Chartres le 20 fév. 1834.

1. Lith. de *Delaporte.* In-4.

2. 1834, P^{re} *Gilbert,* lith. in-fol., sur son lit de mort.

VERJUS (Louis-Antoine de), comte de Crécy, conseiller d'Etat,
secrétaire de la chambre et du cabinet du roi, plénipotentiaire à
la diète de Ratisbonne, de 1679 à 1688, ambassadeur pour la paix
de Riswick en 1697, membre de l'Académie française, fils d'*Antoine*
Verjus, bailli de Joigny, et de *Barbe* de Champrenault, né en 1629,
m. à Paris le 13 déc. 1709.

Antonius *Masson* ad viuum sculpebat et pingebat 1679. In-f.

VERJUS (Ant. de), jésuite, instituteur et premier directeur
des missions françaises de la compagnie de Jésus aux Indes orientales, frère du précédent, né le 24 janvier 1632 à Joigny, *Yonne,*
m. à Paris le 16 mai 1706.

1. J. B. *de Cany* pinx., N. *Bazin* scul. 1705 In-4.

2. *Ovale.* In-12, h. 137 *m.,* l. 86. D. à d., sur la tab. 4 lig.

3. Gravé par N. *Ransonette.* In-12.

VERJUS (Jean), docteur en théologie, aumônier et prédicateur
du roi, m. à Paris en 1665, à 33 ans.

Loir pinxit, P. Van *Schuppen* sculp. 1663. In-4.

VERJUS (Pier.), docteur en théologie, protonotaire apostolique, âgé de 52 ans en 1684.

Matt. *Ogier* delin. et sculp. Lugduni. In-fol.

VIEILLART (Réné-Louis-Marie), président à la Cour de cassation, com. de la lég. d'honneur, ancien professeur en droit à
Reims, né en 1754 à Reims, *Marne,* dép. du tiers-état du bailliage
de Reims à l'Ass. nat. de 1789, nommé juge au tribunal de cassation en 1791 et en 1804 président, inspecteur gén. des écoles

de Paris et Dijon , et com. de la lég. d'honneur, mort à Paris le 23 fév. 1809.

Perrin del. in-8, *dessin* à la B. l., N f. 62 d, p. 199.

VIENNE (Louis de) *de Géruudot*, lieut. particulier au châtelet de Paris, ancien lieut. particulier au bailliage de Troyes.

1. R. N. *Louuet* sculpsit 1700, in-fol.

2. L. *Chabouilliey* ad viuum pinxit, F. *Sorin* sculp. 1680, ovale in-fol. D. à g.

VIENNE (Ant. de) *de Presles*, comte de Losmont, grand-bailli d'épée de Bar-sur-Seine, colonel du régiment de Cambrésis, tué à Crémone le 1 février 1702.

P. *de Rochefort* sculp. in-fol.

VILLEFRANCHE (Jos.-Guy-Louis-Hercule-Domin. de Teillé Mis de), pair de France, chev. de St-Louis, de Malte et de la Lég.-d'honneur, né le 25 sept. 1768 au château de Looze, *Yonne*, dép. de l'Yonne en 1816 et années suivantes, créé pair en 1823, m. au château de Looze en déc. 1846.

R. lith. de *Villain*, in-4.

VILLE-HARDOUIN (Geoffroy de), historien, maréchal de Champagne et de Romanie, né vers 1160-7 dans un château entre Bar et Arcis-sur-Aube, m. en Thessalie vers 1213.

C. *Jacquand* del., *Delaistre* sc., in-4, en pied.

VINCENT (le père) *Boilletot* de Troyes, capucin, célèbre pré-dicateur, m. à Paris le 27 août 1691 à 74 ans et de religion 57.

P. *Perou* pix., P. (*Picart*), Rᵘˢ f. in-4, ou E. *D.* (*Desrochers*) ex. P. *Perou* pix. Il est dirigé à g.

VIREY (Julien-Jos.), docteur en médecine et pharmacie, membre de l'Acad. royale de médecine et de divers corps savants, né sur la fin de 1775 à Hortes, *Hte-Marne.* dép. de la Hte-Marne à l'Ass. législative en 1831 et années suivantes, m. le 9 mars 1846.

A. *Lacauchie*, lith. Paul *Petit* et Cⁱᵉ, in-8.

W

WALFERDIN (Franç.-Hippolyte), homme de lettres et phy-sicien, dép. de la Hte-Marne à l'Ass. nat. de 1848, né le 8 juin 1795 à Langres, *Hte-Marne.*

1. A. *Colette*, lith. in-fol., col. *Delarue*

2. Lith. d'après nature par E. *Desmaisons*, in-4, col. *Basset.*

Y

Y de Séraucourt (Robert d'), chanoine, grand vicaire et

grand archidiacre de l'église de Reims, docteur en théologie de la faculté de cette ville, m. à Reims au mois d'août 1682, âgé de 64 ans.

Jo. *Colin* fecit Remis 1675, in-fol.

FIN.

Laon. — Éd. Fleury, impr.